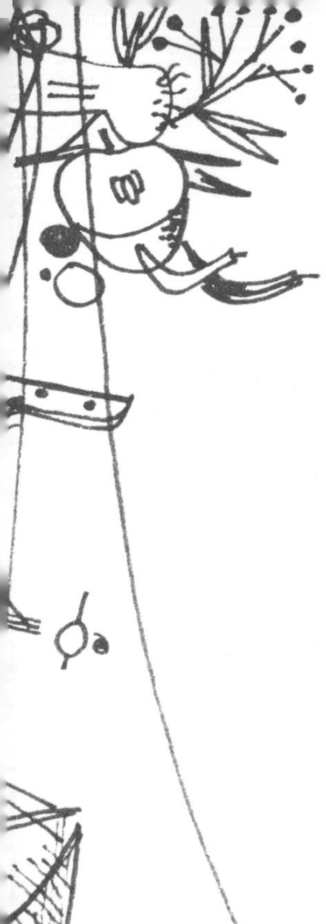

ESSEN SIE GERN FISCH?
WENN JA . . .

dann greifen Sie diesem Buch fröhlich in die Seiten! Es wird Ihnen eine echte Hilfe sein und viele neue Anregungen geben. Sie finden Tips für die Zubereitung und Haltbarmachung vieler Fische und werden sich über die große Auswahl köstlicher Fischgerichte freuen: Die altvertrauten Fischrezepte sind nicht vergessen, die unbekannten sollen ihre Neugier wecken. Wagen Sie sich an das Ausprobieren neuer Rezepte. Ihre Familie wird begeistert sein.

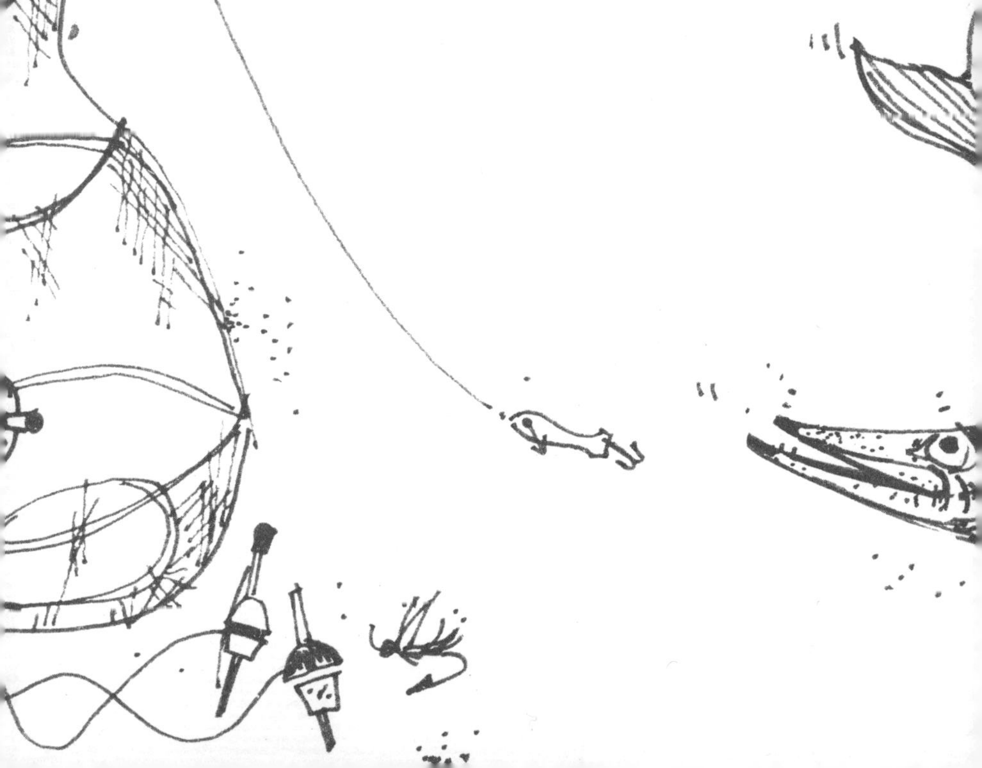

Anneliese Chemnitz

Vom Blauen Aal zum Kalten Zander

Anneliese Chemnitz

Vom Blauen Aal zum Kalten Zander

Ein vergnügliches Fischkochbuch mit allerlei Kniffen

2., neubearbeitete und ergänzte Auflage

Mit 32 Zeichnungen und Zwischentexten
von Peter Koehne
und Tips am Rande von Dieter Schicker
sowie 27 Abbildungen auf 12 Tafeln

Verlag Paul Parey · Hamburg und Berlin

CIP-Kurztitelaufnahme der Deutschen Bibliothek

Chemnitz, Anneliese:
Vom Blauen Aal zum Kalten Zander : e. vergnügl. Fischkochbuch mit allerlei Kniffen / Anneliese Chemnitz. Mit 32 Zeichn. u. Zwischentexten von Peter Koehne u. Tips am Rande von Dieter Schicker. – 2., neubearb. Aufl. – Hamburg, Berlin : Parey, 1980. –
ISBN 3-490-02814-7

Anschriften: Spitalerstraße 12, 2000 Hamburg 1; Lindenstraße 44–47, 1000 Berlin 61. Printed in Germany by Rasch Druckerei und Verlag GmbH & Co. KG, Bramsche. Einbandgestaltung: Jan Buchholz und Reni Hinsch, Hamburg

ISBN 3-490-02814-7

Vorwort zur 2. Auflage

„Vom Blauen Aal zum Kalten Zander“, das vergnügliche Fischkochbuch mit allerlei Kniffen, hat schon in erster Auflage dafür gesorgt, daß des Anglers Freude über gute Fänge auch von seiner Frau geteilt wird. Denn eine Fülle vielseitiger Rezepte und praktischer Arbeitsanleitungen macht die Verwertung und abwechslungsreiche Zubereitung vieler unserer Süßwasser- und Meeresfische zum kulinarischen Vergnügen.

In der zweiten, neubearbeiteten Auflage ist die Zahl der Rezepte für 30 Fischarten, darunter erstmals auch Hai und Dornhai (Seeaal), auf 270 erhöht worden. Im Hinblick auf besonders beliebte, bekömmliche, arbeits- oder energiesparende Koch- und Konservierungsmethoden wird vermehrt auf die Zubereitung im Römertopf, in Brat- und Alufolien, in Haushaltsfritiergeräten, auf dem Elektro- oder dem Holzkohlegrill eingegangen. Das gilt auch für das Räuchern von Fischen. Auf alternative Zubereitungs- und Anwendungsmöglichkeiten verweisen die neuen „Tips am Rande“ von DIETER SCHICKER.

Das reiche Angebot an frischen, tiefgefrorenen oder geräucherten Fischen im Lebensmittelhandel wie auch die vielen in Gaststätten erhältlichen Fischgerichte zeigen, daß nicht nur im Anglerhaushalt Fisch gegessen wird. Immer mehr Menschen wissen die Schmackhaftigkeit und Bekömmlichkeit gut zubereiteter Fische zu schätzen. Ihnen allen, ob Hausfrau oder Hausmann, Grill- oder Räucherfreund, Gastgeber oder Gast, wünschen wir auch mit der zweiten Auflage dieses vergnüglichen Fischkochbuches von ANNELIESE CHEMNITZ viel Freude und gutes Gelingen.

Hamburg, im Mai 1980 VERLAG PAUL PAREY

Inhalt

Zander

Wels oder Waller

Lachs oder Meerforelle

Forelle

Karpfen

Schleie

Brassen

Barsch

Plötze und andere kleine Fische

Hornfisch

Makrele

Hering

Dorsch (Kabeljau)

Schellfisch

Rotbarsch

Rotbarsch geräuchert

Hai

Dornhai (Seeaal)

Scholle und Flunder

Am Rande Tips für 3 Schollenrezepte

Seezunge

Steinbutt und Heilbutt

Verzeichnis der Rezepte

Zubereitungsart

Verwendungszweck

Die Rezepte sind, wenn nicht besonders vermerkt, für 4 Personen berechnet.

Im Zeichen des Fisches

Ich für meinen Teil hege für die Fische ein Gefühl, das der Ehrfurcht nahekommt.

Brillat-Savarin

Angesichts der zeitlosen Tischrunde, an der alle Freunde des Fisches tafeln, erlauchte Feinschmecker und Fachleute von Geblüt, flüchtet der Schreiber in Extreme und wird selbst zum Fisch: er bleibt stumm – oder schwimmt mit seinem Thema davon ins Uferlose! Auch sieht er Experten am Tische sitzen und fürchtet die spitzen Gabeln ihres Spottes. Da ist der erfahrene Gourmet, der uns mitleidig belächelt, weil wir einen delikaten Fischkopf unbeachtet auf dem Teller lassen oder der ganz allgemein beklagt, daß man dem reinen Geschmack der Auster durch Zitronensaft schadet. Auch ist der Sportfischer zugegen, der Angler aus Passion, der so viel von Fischen versteht, aber merkwürdig oft von »Fliegen« spricht, die den unschuldigen Laien an flottsitzende Krawattenschleifen denken läßt und nicht an jene kunstreichen Nachbildungen, welche natürlich gemeint sind und die den Fisch an den Haken locken.

Daher sind wir vorsichtig und setzen voraus, einen Fisch bereits im Netz zu haben, und sei es listigerweise nur im Einkaufsnetz.

Anders ist die Situation dagegen, wenn Ihre Beziehungen zum Fisch enger und sozusagen verwandtschaftlicher Art sind, weil ein Mitglied Ihrer Familie oder gar der Gatte selbst die Angel an Seen und Teichen auswirft! In diesem Falle stellt der gefangene Fisch nicht nur eine willkommene Bereicherung Ihres Speisezettels dar, sondern wächst sich mitunter aus zu einem Gegenstand festlichen Anlasses und der Verehrung, zu einer sportlichen Trophäe, die sich mit Nährwert und Nutzen nicht immer ausreichend würdigen läßt. Zumal Ihr Gatte ja den Angelsport nicht nur betreibt, um auch in seiner Freizeit sinnfällig als Ihr »Ernährer« aufzutreten!

Sie sehen, auf rationelle Art allein kommen wir dem Fisch nicht näher, und Kalorien (bzw. Joule) und Vitamine sind zwar nützlich, aber auch abstrakte Größen, an denen sich unsere Phantasie nur mangelhaft entzündet.

Also – werden Sie fragen, und ich höre Sie schon ungeduldig die Messer wetzen – Hecht etwa als ethischen Wert, Fisch als Symbol – und dann in die Pfanne damit?

Ich stimme Ihnen zu. Laßt uns Fische braten!

Denn der wohlgelungene Fisch feiert auf dem Tisch seine kulinarische Auferstehung und noch in pikanter Dillsauce behält er unbeschadet, außer seinem Nährwert, auch seinen »Mehrwert« als Symbol.

Fisch als Symbol also – für wen aber wohl und für was? Als Sinnbild des Lebens, als Speise der Liebenden – oder als Fastenfisch an Tagen der Enthaltsamkeit? Alle Völker von alters her, verehrte Leserin, haben sich dieser Frage mit Hingabe gewidmet. Im alten Syrien galt der Fisch als Glückssymbol. Bei den Babyloniern war er Sinnbild der Fruchtbarkeit, während in Japan speziell der Karpfen Mut und Kraft verkörpert. Alljährlich im Mai lassen dort die heranreifenden Jünglinge große Papierkarpfen und Fahnen mit seinem Bild im Winde wehen. Die Griechen der Antike schließlich, deren Götter zum Teil dem Meer entstammten, hatten zu den Fischen ohnehin ein vertrautes Verhältnis. Sie verehrten – und verzehrten sie.

Auch die Römer schrieben dem Fisch magische Kräfte zu. Groß auch in der Übertreibung, ließen sie sich den Fisch etwas kosten!

Apicius z. B. schickte täglich frische, lebende Austern seinem Kaiser Trajan in dessen Feldlager. Seltene Fische servierte man an römischen Tafeln zuweilen mit Fanfarensignalen, und weder als General in zwei Mithridatischen Kriegen noch als Verwaltungschef in Kleinasien errang jener Lucius Licinius Lucullus den Ruhm, den sich später seine berühmten Gastmähler in Bajä und Rom erwarben. Als er starb, überlebte er für alle Zeiten als das Sinnbild des Schlemmers, und allein der Inhalt seiner Fischteiche, den er unverzehrt hinterließ, belief sich nach heutigem Gelde auf fast vier Millionen Mark!

So weit freilich sollten wir die Liebe zum Fisch nicht treiben, und mit Recht erboste sich schon damals der greise Cato und klagte: »Wie kann ein Staat bestehen, der für einen Fisch mehr Geld ausgibt als für einen ganzen Ochsen!«

Als sich bald darauf der Untergang des alten Roms tatsächlich abzuzeichnen begann und die am See Genezareth verkündete Lehre eine neue Menschheitsepoche einleitete, zeichneten in Rom die ersten Christen, deren Apostel dem Fischerstande entstammten, den Umriß des Fisches als geheimes und brüderliches Symbol an ihre Haustüren und an die Wände der Katakomben.

In der Folge hat sich dann die Christenheit des Fisches fleißig angenommen! Sogar unsere barbarischen Vorväter, des langen Umherschweifens endlich müde, und durch manch erlesenes Rezept aus klösterlichen Küchen angeregt, setzten sich manierlich zu Tisch und aßen freitags Fisch. Bald erreichten die Köche wieder kontinentalen Ruhm, dem Angelsport huldigten auch die Fürsten, und selbst Dante – verliebt in Beatrice – erfand in Florenz die »Frutti del Mare«, das köstliche Gericht der Meeresfrüchte, in dem Tintenfisch und Hummerkrabben nicht fehlten.

Diesseits der Alpen erlangten in deutschen Bürgerstuben die Tafelfreuden bei gesundem Appetit eine beneidenswerte Gemütlichkeit und Zeitverschwendung, die wir heute in Kantinen und Imbißstuben schmerzlich zu vermissen beginnen.

Doch verlassen wir nun den historisch strapazierten Fisch und Fisch-Begriff, um uns frischeren Exemplaren zuzuwenden, die Ihre Küche erreichen, begleitet von zwei Tugenden, die ihren Fang erst ermöglichten: Geschicklichkeit und ein wenig Geduld! Diese sollten Sie bei der weiteren Verwendung des Fisches mitbenutzen.

Auf solche Weise könnten natürlich auch Sie sportanglerische Erfolge verzeichnen, indem Sie Ihren hochgestimmten Kochimpuls am stillen Teich einer ausgeglichenen Gemütslage ansiedeln und die Esser an Ihre Tafel und Teller locken – mit Fisch!

Somit gelingt es Ihnen von der Küche aus, Ihre Lieben in eine höchst dankbar empfundene Abhängigkeit zu versetzen, in jenen Zustand zappelnder Vorfreude, die allein schon durch die Vorbereitung einer guten Mahlzeit ausgelöst wird. Denn auch beim Fischessen geht die Liebe zwar nicht ausschließlich durch den Magen, aber auch keinesfalls an ihm vorbei! Feiner hat es Brillat-Savarin gesagt, der geistreiche Feinschmecker und Psychologe des Geschmacks, bis heute ein verehrtes Idol der Gastronomen und Köche Europas: »Der Schöpfer, der den Menschen nötigt zu essen, lädt ihn durch den Appetit dazu ein und belohnt ihn durch den Genuß.«

Ein gutes Essen ist keine Sünde, sündhaft dagegen, ein gutes Essen nicht zu schätzen!

Ich verlasse Sie nun, verehrte Zuhörerin, und überlasse Sie Ihrem angestammten Reich – einer an Abwechslung reichen Küche!

P.K.

Damit Sie schnell informiert sind

. . . und um unnötige Wiederholungen im Rezeptteil dieses Buches zu sparen, sollten Sie die nächsten Seiten besonders aufmerksam lesen. Sie enthalten Hinweise und Anleitungen, die für die Verwendung des Fisches von allgemeiner Wichtigkeit sind.

Es werden die verschiedenen Vorbereitungsarten behandelt sowie die Möglichkeiten des Konservierens, die Herstellung von Aspik, die Auswahl der passenden Gewürze und schließlich die Klärung einiger küchentechnischer Ausdrücke, auf die wir uns festlegen wollen.

Besonders die *Vorbereitung* der Fische sei Ihrer Aufmerksamkeit empfohlen, da sie für die meisten Fische angewendet werden kann, ob Sie diese nun braten, backen oder kochen. Dreierlei ist zunächst wichtig oder kürzer ausgedrückt, die 3-S-Methode: *Säubern, Säuern, Salzen.*

Die 3-S-Methode: Säubern – Säuern – Salzen

Säubern. Es nimmt einige Zeit in Anspruch. Jeder Fisch wird zunächst ausgenommen, d. h., man schneidet die Bauchseite vom Schwanzende (After) her bis zum Kopf hin auf, entfernt die Eingeweide. Milch und Rogen werden bei den meisten Fischen mitverwendet, von einigen auch die Leber, nachdem die Galle entfernt ist. Bei Hechten und Aalquappen (Rutten) gilt die Leber sogar als besondere Delikatesse.

Fast alle Fische können, allein schon des besseren Aussehens wegen, mit den Köpfen zubereitet werden, jedoch müssen Sie bei den meisten zuvor die Kiemen entfernen.

Fische, deren Schleimschicht erhalten bleiben soll, wie beispielsweise Spiegelkarpfen, Schleien, Forellen, sollten Sie vorsichtig behandeln. Am besten ist es, wenn Sie vom Bauch her in den Kopf der Fische fassen und sie schwimmend in einer Schüssel Wasser sorgfältig auswaschen.

Die meisten Fische sind mit Schuppen besetzt. Damit die Schuppen nicht in Ihrer Küche umherfliegen, ist es ratsam, die Fische in einer Schüssel mit Wasser zu schuppen. Dazu benutzen Sie einen Fischschupper, ein Küchenmesser oder einen Topfreiniger und schuppen vom Schwanzende zum Kopf hin alle Schuppen ab. Wollen Sie den Fisch im ganzen, also in seiner natürlichen Form servieren, werden Rücken- und Schwanzflossen lediglich in ihrer Form beschnitten, die Bauchflossen dagegen kurz abgeschnitten. Wird der Fisch in *Stücken* serviert, schneiden Sie alle Flossen kurz ab. Den so vorbereiteten Fisch waschen Sie in Wasser sorgfältig aus.

Filetieren. Lassen Sie den Kopf vorerst dran, um besseren Halt zu haben, und schneiden hinter diesem die Schuppenhaut rundum und entlang der Rückenflossen bis zum Schwanz sauber ein. Der gleiche Schnitt empfiehlt sich vom Ende der Bauchöffnung wiederum bis zum Schwanz. Nun wird der Fisch von vorn nach hinten abgezogen. Man nimmt dabei gerne ein Tuch zur Hilfe.

Es empfiehlt sich nicht, die Haut vom Schwanz aus abzureißen, da zu viel Fleisch hängen bleibt und das Filet in sich zerreißt und somit wesentlich schwerer von den Gräten zu trennen ist.

Nun schneiden Sie nach dem Abtrennen aller Flossen entlang der Rückengräte beidseitig bis auf den Grätenstrang ein und klappen das Filet zur Bauchseite ab (s. zweite Tafel gegenüber S. 24).

Man kann den Fisch auch vorher von der Hauptgräte trennen und in zwei Seitenteile zerlegen. Anschließend wird dann die Haut mit einem scharfen Messer (diesmal aber von hinten nach vorn) vom Filet getrennt.

Säuern. Den gesäuberten Fisch oder die entsprechenden Filets beträufeln bzw. übergießen Sie mit Zitronensaft oder Essig. Das Säuern geschieht nicht ohne Grund! Es festigt das Fischfleisch, fördert den Wohlgeschmack und behebt den typischen Fischgeruch.

Salzen. Nach dem Säuern werden die Fische oder Fischfilets gesalzen. Das vorherige Salzen bewirkt, daß der Fisch später im ganzen kräftiger schmeckt. Salzt man dagegen erst bei der Zubereitung, ist nur die äußere Schicht des Fisches gut gewürzt, da Fischeiweiß sehr schnell gerinnt und das tiefere Eindringen des Salzes verhindert.

Würzen

Wer seinen Gästen bei jedem Besuch etwas Besonderes bieten will, kann selbst mit dem gleichen Fisch immer wieder ein neues Fischgericht auf den Tisch bringen. Man braucht nur ein wenig Geschick in der Auswahl der Gewürze. Hier ist die Liste trockener und frischer Gewürze, mit denen Sie Ihre Fischgerichte variieren können.

Verwenden Sie:

Curry: ein Mischgewürz für Saucen.
Dill: zum Würzen von Saucen, seltener für Fischsud.
Estragon: für Fischsud und Marinaden.
Fischgewürz: eine Mischung von Gewürzen als spezielle Würze für Fischsud.
Fischstreugewürz: eine pulverisierte Mischung von Gewürzen und Kräutern zum direkten Würzen der Fische.
Kapern: für Saucen und zum Verzieren von Aspik und kaltem Fisch.
Lorbeerblatt: für Fischsud und Marinaden, seltener für Saucen.
Majoran: für pikante Saucen.
Meerrettich: für Saucen.
Muskat: für weiße Saucen.
Nelken: für Fischsud.
Origano: besonders gut zum Grillen, aber auch für Saucen.
Paprika: für Saucen oder zum direkten Würzen des Fisches.
Petersilie: für Saucen und kalte Fischgerichte sowie zum Verzieren.
Pfeffer (gemahlen): zum Würzen der Fischstücke.
Pfefferkörner: für Fischsud und Marinaden.
Piment: für den Fischsud.
Pimpernell: für Fischsud oder Saucen.
Schalotten: eine feine Zwiebelart für Fischsud und Saucen.
Schnittlauch: für Saucen und kalte Fischgerichte.
Senf: für Saucen und Fischstücke.
Senfkörner: für Fischsud und Marinaden.
Suppenkraut: eine Zusammenstellung von Mohrrüben, Petersilienwurzel, Porree und Sellerie, für den Fischsud.
Thymian: für pikante Saucen.
Tomatenmark: für Saucen und Fischstücke.
Wacholderbeeren: für Fischsud und Marinaden.
Weinessig: für Marinaden und zum Einlegen.
Zimtstange: zum Würzen süßlich-pikanter Gerichte.
Zitronenmelisse: für Fischsud, Marinaden, Saucen.
Zitronensaft und Zitronenschale: für Fischsud, Saucen, Marinaden und zum Würzen der Fischstücke.
Zitronenessig: für Sud, Marinaden und zum Abschmecken.

Kleines Lexikon küchentechnischer Ausdrücke

Anbraten: von allen Seiten bräunen, jedoch nicht garen, es bilden sich Geschmacksstoffe.

Andünsten: erhitzen mit etwas Fett im offenen Topf, Saft tritt aus, es bilden sich Geschmacksstoffe.

Aufkochen: erhitzen einer Flüssigkeit, bis sie sprudelnd kocht.

Ausbacken: bräunen und garen in viel heißem Fett, es bildet sich eine starke Kruste.

Backen: bräunen und garen in trockener Hitze.

Beträufeln: besprengen mit Flüssigkeit.

Braten: bräunen und garen mit wenig heißem Fett.

Brühen: übergießen mit kochender Flüssigkeit.

Dünsten: garen im eigenen Saft unter Zugabe von wenig Fett und Flüssigkeit im geschlossenen Topf.

Durchkochen: längeres, kräftiges Kochen einer Flüssigkeit.

Flambieren: übergießen mit hochprozentigem Alkohol und anzünden.

Fritieren: in einem Fritiergerät ausbacken.

Garen: genußfertiges Zubereiten eines Nahrungsmittels.

Gar ziehen: ankochen und weiteres Garen im geschlossenen Topf ohne Hitzezufuhr.

Grillen: bräunen und garen durch Hitzestrahlung ohne oder fast ohne Fett.

Karamellisieren: bräunen von trockenem Zucker, ablöschen mit Wasser.

Kochen: a. erhitzen einer Flüssigkeit auf Kochtemperatur. b. garen eines Nahrungsmittels bei Kochtemperatur. Kalt aufsetzen, was auslaugen soll; in kochende Flüssigkeit geben, was nicht auslaugen darf und seine Form behalten soll.

Kroß braten: fest und knusprig braten.

Legieren: binden von Suppen und Saucen mit Eigelb.

Leicht kochen: erhalten der Kochtemperatur durch mäßige Hitzezufuhr.

Marinieren: einlegen in Essig-Salzlösung mit Geschmackszutaten.

Panieren: wenden in Mehl, verschlagenem Ei und Semmelbrösel.

Passieren: durch ein Sieb streichen.

Rösten: bräunen durch trockene Hitze oder in heißem Fett zur Veränderung des Geschmacks.

Schmoren: starkes Anbräunen in heißem Fett, dann Flüssigkeitszugabe und garen bei schwacher Hitze in geschlossenem Topf.

Spicken: einfügen von Speck, Käse usw. zur Geschmacksverbesserung oder zum Anreichern mit Fett.

Toasten: ist das Rösten durch Hitzestrahlung.

Überbacken: erhitzen eines Gerichts bei trockener Hitze, dabei bräunen der Oberfläche.

Übergrillen: bräunen der Oberflächen eines Gerichts durch Hitzestrahlung.

Aspik: kräftig gewürztes Gelee, gewonnen durch Zugabe von Gelatine.

Marinade: würzige kalte Flüssigkeit.

Semmelmehl, Semmelbrösel: trockenes, geriebenes Weißbrot, Brötchen oder Semmel.

Sud: würzige gekochte Flüssigkeit.

Mehlschwitze: auch Einbrenne genannt, ist Grundlage für gebundene Suppen und Saucen.

Auch das sollten Sie wissen

- Für eine Hauptmahlzeit rechnet man pro Person etwa 200 g Fischfilet oder 500 g vom ganzen Fisch. Als Vorgericht genügen pro Person etwa 150 g.
- Fischgerichte sollte man immer auf vorgewärmtem Geschirr servieren.
- »Fische blau« werden vor dem Servieren mit etwas heißem Sud übergossen, damit die Haut nicht antrocknet und die Fische recht heiß bleiben.
- Ist kein Fischbesteck vorhanden, legt man für jedes Gedeck zwei Gabeln auf.
- Fische werden so gegessen, daß man erst ein Filet von den Gräten abnimmt, dann den Fisch herumdreht und dann das zweite Filet ißt.
- Nach dem Fischessen sollte man das gebrauchte Geschirr erst kalt abspülen, bevor es abgewaschen wird.
- Wenn kein Fischkocher vorhanden ist, kann jede Pfanne oder jeder Topf mit Einsatz verwendet werden. Man kann auch die Fische oder Fischstücke aus jedem Topf mit zwei Pfannenhebern oder Schaumlöffeln herausheben.
- Fische, die gedünstet werden sollen, werden zuvor mit Butter bestrichen, damit sie nicht aneinander kleben.
- Fische lassen sich beim Braten besser wenden, wenn man die Pfanne vor dem Wenden von der Kochstelle nimmt und wartet, bis das Fett aufhört zu brutzeln.
- Fett hat die richtige Temperatur zum Ausbacken, wenn sich an einem hineingestellten Holzlöffel ringsum Bläschen bilden.
- Verwendet man zum Panieren kein Mehl, sollten einige Tropfen Öl in das verschlagene Ei gegeben werden.
- Holländische Sauce und Mayonnaise gelingen besser, wenn das Eigelb vor dem Verschlagen mit einem Eßlöffel kochenden Wassers übergossen wird.
- Das Legieren von Suppen und Saucen gelingt besser, wenn man das Eigelb mit etwas Maisstärkepulver verrührt.
- Tomaten lassen sich leichter schälen, wenn sie mit kochendem Wasser überbrüht und danach mit kaltem Wasser abgeschreckt werden.

- ○ Bei Paprikaschoten müssen alle Kerne entfernt werden, sonst werden sie brennend scharf.
- ○ Welke Petersilie wird schnell frisch, wenn man sie in lauwarmes Wasser legt.
- ○ Petersilie soll möglichst trocken sein, bevor man sie hackt.
- ○ Bei in Scheiben geschnittenen Zitronen müssen die Kerne entfernt werden, da sich sonst Bitterstoffe übertragen.
- ○ Zitronenscheiben, Suppenkraut und Gewürze sollten nicht zu lange im Sud gekocht werden, da sonst Bitterstoffe übertragen werden und sich der Sud verfärbt.
- ○ Statt Zwiebeln können für jedes Rezept Schalotten verwendet werden. Schalotten sind feiner im Geschmack als Zwiebeln und deshalb für Fischgerichte besonders geeignet.
- ○ Blattgelatine löst sich besser, wenn sie zuvor in kaltem Wasser weichgemacht wird. Pulvergelatine löst sich besser, wenn man sie mit kaltem Wasser (6 Eßl. auf 1 Päckchen) in einer Tasse vorquellen läßt. Die so vorbereitete Gelatine in der Tasse in ein Wasserbad stellen, bis zum Siedepunkt erhitzen, dabei die Gelatinelösung mehrmals umrühren, bis sie klar ist.
- ○ Fischsud für Aspik sollte möglichst gefiltert, mindestens aber durch ein feines Sieb gegossen werden.
- ○ Aspik sieht besser aus, wenn man in die Form zuerst etwas Aspikflüssigkeit für einen Spiegel gießt und diesen erstarren läßt, darauf ein Muster von Gurken-, Tomaten-, Eischeiben o. ä. legt, wieder etwas Aspikflüssigkeit daraufgießt und erstarren läßt, dann den Fisch darauflegt, mit Aspikflüssigkeit angießt, fest werden läßt und erst dann mit der restlichen Aspikflüssigkeit aufgießt.
- ○ Aspik läßt sich leichter stürzen, wenn man die Formen vor dem Anrichten kurz in heißes Wasser stellt, dann noch etwas stehen läßt und erst dann stürzt.
- ○ Die Platte, auf die das Aspik gestürzt werden soll, wird vorher mit kaltem Wasser überspült, damit das Aspik, falls es nicht richtig auf der Platte liegt, verschoben werden kann.

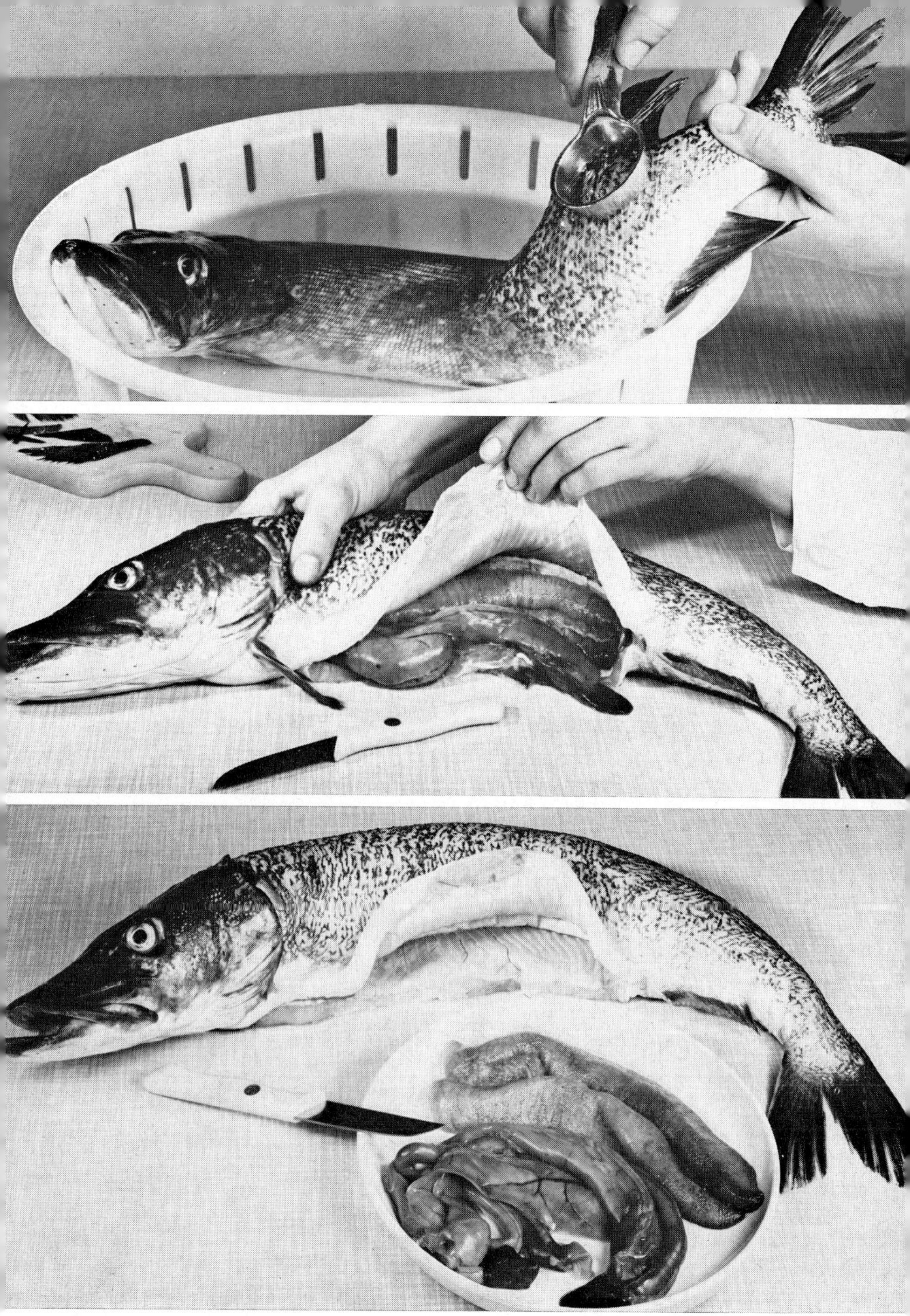

So werden große Fische geschuppt und ausgenommen. *Siehe auch Seite 18*
(Photo: Hanse-Foto-Studio)

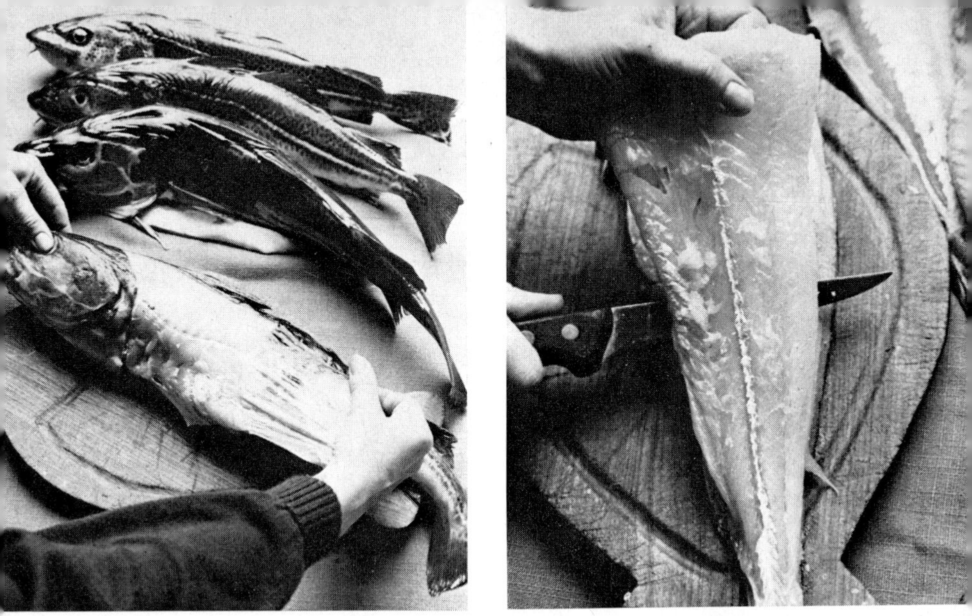

Das Filetieren. Siehe Beschreibung Seite 19 (Photos: D. Schicker)
Fischrouladen. Rezept Seite 133 (Photo: Hanse-Foto-Studio)

Das Einfrieren von Fischen. Beschreibung Seite 27 (Photos: E. Rickwardt)

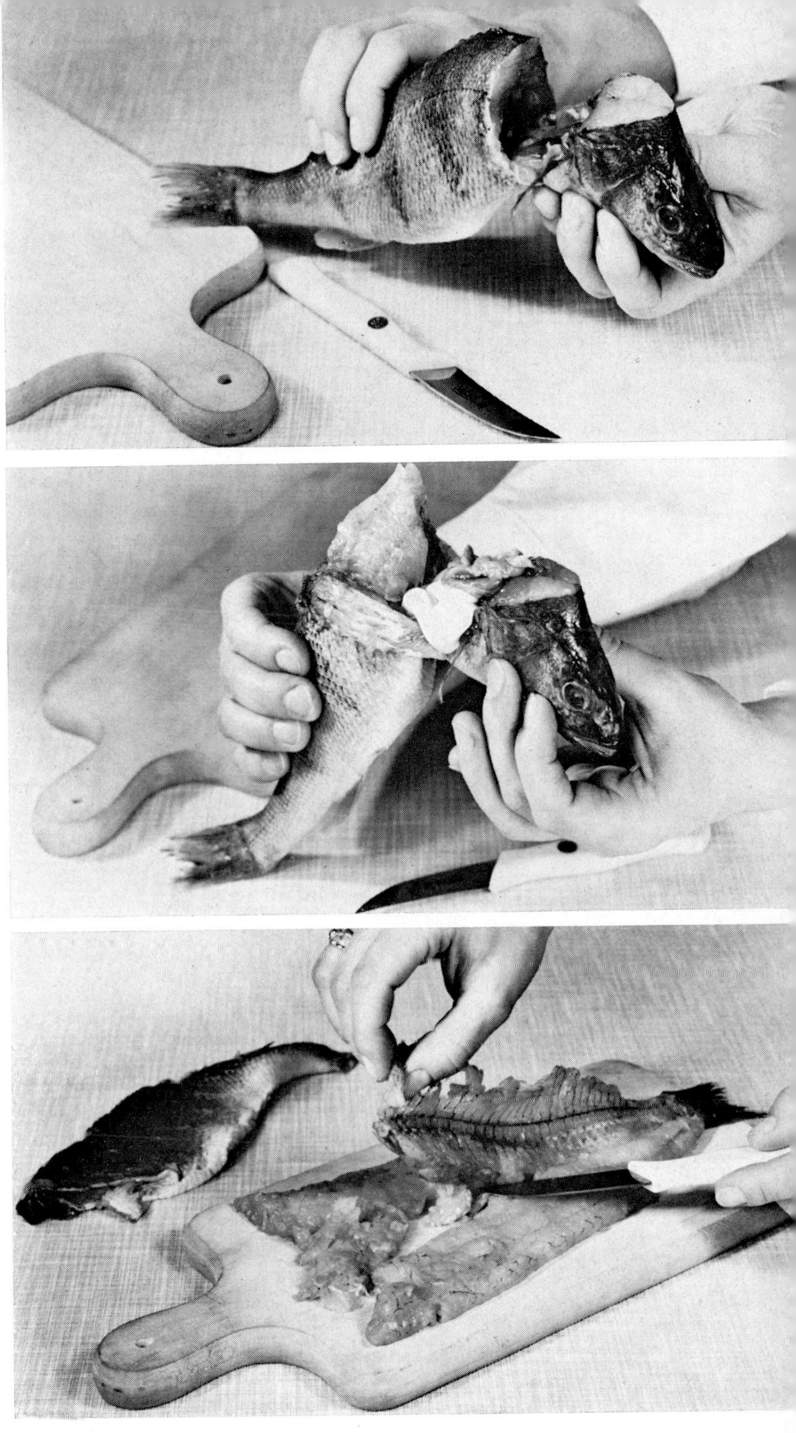

Das Vorbereiten von Kleinbarschen. Siehe auch Seite 79
(Photos: Hanse-Foto-Studio)

Fisch als Vorrat

Ein großer Fang bereitet viel Freude, aber bald erhebt sich die Frage, auf welche Weise sich die vielen Fische am besten verwerten lassen, um sie nicht nur jetzt, sondern auch noch später als schmackhaftes Gericht auf den Tisch zu bringen. Dazu sollen die nachstehenden Ratschläge helfen.

Einlegen in Essig-Marinade

Die vorbereiteten Fische braten und in Essig-Marinade einlegen. Weitere Hinweise finden Sie auch in den Rezepten der einzelnen Fischarten. Fisch in Essig-Marinade ist nur kurze Zeit haltbar.

Einlegen in Aspik

Die vorbereiteten Fische in Fischsud gar kochen bzw. gar ziehen lassen. Aus dem Fischsud Aspikflüssigkeit herstellen und die abgekühlten Fische

im ganzen, in Stücken oder als Filet in Formen legen, mit Aspikflüssigkeit übergießen und diese erstarren lassen. Weitere Hinweise finden Sie unter den Fischrezepten. Auch in Aspik eingelegte Fische sind nur kurze Zeit haltbar.

Einkochen

Eingekochte Fische sind zwar längere Zeit haltbar, jedoch mit frisch zubereiteten Fischen geschmacklich nicht zu vergleichen. Vorbedingung ist besonders sorgfältiges und sauberes Arbeiten, nicht nur beim Vorbereiten der Fische, sondern schon beim Abwaschen und Spülen der Gläser, dem Auskochen der Einmachringe. Es dürfen nur ganz frische Fische verwendet werden.

Es ist möglich, auf folgende Arten einzukochen:

Fische im Fischsud

Jeweils für 2000 g Fisch einen Sud aus: 1 l Wasser, 2 Teel. Salz, 1 Zwiebel, 1 Bund Suppenkraut, 6 Eßl. Essig.

Die sehr sorgfältig vorbereiteten Fische in Stücke schneiden, in den kochenden Sud legen, 5 bis 10 Minuten ziehen lassen und dann in Gläser einlegen. Den Fischsud durchsieben. Die Gläser etwa zu einem Drittel hoch mit Fischsud füllen, dann nach Vorschrift schließen und eine Stunde bei 98 °C im Einkochtopf kochen.

Fische in Gelee eingemacht

Auf 2000 g Fisch einen Sud aus: 1 l Wasser, 1/16 l Essig, 2 Teel. Salz und Gewürzen, z. B. 1 Zwiebel, 1 Lorbeerblatt, 1/2 Teel. Pfefferkörner, 1/2 Teel. Senfkörner, 1/2 Teel. Wacholderbeeren, 2 Päckchen Pulvergelatine.

Die recht sorgfältig vorbereiteten Fische in 10 bis 15 cm große Stücke schneiden und roh in gut gesäuberte Gläser legen. In dem kräftig abgeschmeckten Sud die Pulvergelatine auflösen, dann durch ein Sieb über die Fischstücke gießen. Die Flüssigkeit muß den Fisch bedecken, sollte aber nur bis zweifingerbreit unter den Rand des Glases reichen.

Die Gläser wie üblich verschließen und ca. 1 Stunde im Einkochtopf bei 98 °C kochen.

Einfrieren

Die beste Art, Fische haltbar zu machen, ist das Einfrieren.

Es wird dazu eine Gefriertruhe benötigt; eine Tiefkühltruhe oder das Tiefkühlfach im Kühlschrank genügen nicht, da die Fische schockartig bei mindestens –18 °C eingefroren werden müssen und diese Temperatur in einem Kühlfach durch die frischeingelegte Ware sofort weit heraufgesetzt wird.

Außerdem braucht man richtiges Verpackungsmaterial: Es muß vollkommen undurchlässig sein und sich gut an die Fische anschmiegen lassen, so daß alle Luft herausgepreßt werden kann. Am besten eignet sich Kunststoff-Folie, die es als Meterware und in Schläuchen zu kaufen gibt, aber auch Alu-Folie wird verwendet.

Die Fische sehr sorgfältig vorbereiten, jede Unsauberkeit (Reste von Kiemen oder Eingeweiden) bewirkt den Verderb.

Kleine Fische im ganzen einfrieren (z. B. Forellen). Große Fische in Stücke schneiden. Keine Gewürze verwenden, sie verkürzen die Gefrierlagerzeit!

Die Fische oder Fischstücke werden in Folie eingeschlagen, alle Luft wird herausgestrichen. Dann wird die Folie an den Schmalseiten umgelegt und die Päckchen mit Gummiband, Kordel oder Kunststoffklemmen luftdicht verschlossen.

Das Beschriften der Päckchen mit Datum des Einfrierens und Inhaltsangabe ist vorteilhaft.

Die so vorbereiteten Päckchen stapelt man an den Wänden der Gefriertruhe auf oder legt sie bei Gefrierschränken auf die Frosterplatte. Es dürfen nur so viel Päckchen auf einmal eingefroren werden, wie auf der Frosterplatte bzw. an den Wänden der Gefriertruhe Platz haben.

Man rechnet pro 1 cm Fischfleisch 1 Stunde Einfrierzeit bei –18 °C. Nach der jeweils errechneten Einfrierzeit werden die Fische sortenweise in die Truhe einsortiert.

Fische können auch noch auf eine andere Art eingefroren werden: Die gut vorbereiteten Fische oder Fischstücke werden uneingepackt in die Gefriertruhe eingelegt (ca. 10 Minuten), dann nimmt man sie heraus, taucht sie kurz in kaltes Wasser, so daß sie ganz mit einer Eisschicht überzogen sind, danach werden sie wie vorher eingepackt und anschließend, wie schon beschrieben, fertig eingefroren.

Eingefrorene Fische sind nicht unbegrenzt haltbar. Man sollte sich darum an die Angaben der Betriebsanleitungen halten oder eine kleine Fachbroschüre über das Einfrieren erwerben. Als Faustregel gilt:

Aale halten sich nur 4 bis 6 Wochen, für Hecht und Karpfen rechnet man 2 Monate, für Forellen und Schleien 3 Monate. Seefische, z. B. Schollen und Dorsch, sind länger haltbar, doch sollten auch diese innerhalb eines halben Jahres verbraucht werden.

Bei der Verwendung ist zu beachten: Die Fische nur langsam antauen, aber nicht vollkommen auftauen lassen, da sie sonst beim Kochen oder Braten zerfallen. Kleine Fische gefroren in den kochenden Sud oder in die Bratpfanne legen.

Die Fische dürfen jedoch nicht stark kochen oder braten, man muß stets mäßige Temperaturen anwenden, da sie sonst außen zerfallen und im Kern noch gefroren und ungar sind.

Auf- oder angetaute Fische dürfen nie wieder eingefroren werden, die Ware verdirbt sonst.

Räuchern

Eine sehr alte und bewährte Art des Fischkonservierens ist das Räuchern. Räucherfische sind nicht allzu lange haltbar, doch reizt allein schon die Geschmacksveränderung. Für die Familie empfiehlt sich entweder die Anschaffung eines Kleinräucherofens, der mit Spiritus betrieben wird (für Camping besonders geeignet) oder ein kleines elektrisches Räuchergerät. In diesem befindet sich im Boden eine beheizbare Platte und darüber die Räucherpfanne und das Räuchermehl.

Zu den Spiritus-Räuchergeräten gehört ein Untersatz, in den der Spiritus gegossen und angezündet wird. Das Räuchermehl wird bei diesen Geräten am Boden verteilt. In allen Geräten sollte sich eine Fettauffangschale befinden und ein Rost, auf den die Fische gelegt werden können. Selbstverständlich sind bei größeren Geräten Aufhängevorrichtungen zu berücksichtigen. Zum Räuchern sind Holzmehlmischungen, die es in verschiedenen Geschmacksrichtungen im Fachhandel zu kaufen gibt, zu empfehlen. Es wird bis zu 2 cm dick eingestreut und zum Teil auch vorher angefeuchtet, wobei die Gebrauchsanweisungen zu beachten sind. Der Vorgang des Räucherns macht wenig Mühe, und in einigen Geräten sind die Fische bereits nach 10 Minuten fertig zubereitet. Bei elektrischen Geräten verlängern sich die Räucherzeiten – bis zu 60 Minuten.

Die Fische werden wie üblich zubereitet, wobei das Schuppen entfällt. Kleine Fische räuchert man im ganzen, große Fische, z. B. Karpfen, schneidet man in Stücke.

Zunächst werden die Fische entweder naß oder auch trocken gesalzen und an der Luft so lange getrocknet, bis (zum Beispiel beim Aal) die Haut leichte Pergament-Erscheinungen zeigt. Es ist sorgfältig darauf zu achten, daß die gesamte Außenhaut wirklich trocken ist. Am besten hängt man die Fische dazu auf, legt sie auf ein Rost oder eine Kreppapier-Unterlage. Bei kleinen Räucheröfen sollten lange Fische (Aale, Hornhechte) vor dem Trocknen „rundgelegt“ werden, damit sie später nicht zerplatzen.

Nicht jeder verträgt warmen Räucherfisch, der Geschmack jedoch ist unübertrefflich. Soll die Ware auf Vorrat geräuchert werden, ist deren Haltbarkeit zu berücksichtigen. Diese und viele wichtige Hinweise finden Sie in dem sehr beliebten Buch aus dem Verlag Paul Parey: Das Räuchern von Fischen, von Edmund Rehbronn und Franz Rutkowski. In dieser Anleitung wird die Kunst des Räucherns mit Hilfe einfachster Mittel bis zu professionellen Geräten beschrieben.

Hecht

Der Hecht ist grau,
Recht hat die Frau.
Blau ist der Hecht,
Die Frau hat Recht.

Alter Tellerspruch

Sie kennen ihn gewiß, den nahezu sprichwörtlichen „Hecht im Karpfenteich“, Sinnbild eines großen Räubers in einer satten, selbstgefälligen Gesellschaft.

Er verschlingt nicht nur Fisch und Frosch, seine Mitbewohner im Wasser, sondern stellt auch Wasservögeln und kleinen Säugetieren nach. Sein Fleisch ist entsprechend gut.

Ihn zu fangen, zu überlisten, ist Stolz und nimmermüder Wunsch aller Angler. Vorbereitet wird der Fisch wie auf Seite 18 beschrieben. Hecht kann im ganzen, in Stücken oder als Filet verwendet werden.

Was Sie auch immer daraus machen – es darf ein Festessen sein.

Hecht gedünstet mit Paprika und Tomate

1 Hecht (ca. 2 kg), Salz, 125 g Speck, 1 Zwiebel, 2 Paprikaschoten, 250 g Tomaten, 1 gestr. Teel. Salz, ¼ l Wasser, 1 Eßl. Mehl.

Den vorbereiteten Hecht von innen mit Salz einreiben. Den Speck in 6 bis 7 dünne Scheiben, den Rest in Würfel schneiden. Die Zwiebel recht fein würfeln. Von den Paprikaschoten Stiel und Kerne entfernen, die Schoten gut auswaschen und in Streifen schneiden. Die Tomaten schälen und würfeln. Speckwürfel, Zwiebelwürfel und Paprikastreifen etwa 20 Minuten in der Pfanne dünsten, dann die Tomaten und Salz hinzugeben und weitere 10 Minuten dünsten. Dann den Hecht in Schwimmlage auf das Gemüse stellen, mit den Speckscheiben belegen, etwas Wasser nachgeben und 20 bis 30 Minuten gar dünsten. Den Sud mit angerührtem Mehl binden und den Hecht mit dem Gemüse, nach Belieben außerdem mit gedünsteten Tomaten und Pilzen anrichten und dazu Kartoffeln oder Reis servieren.

Soll der Hecht im Römertopf gegart werden, muß das angedünstete Gemüse in den gewässerten Topf gegeben werden. Der Hecht wird mit der Bauchseite nach unten daraufgestellt und mit Speckscheiben belegt. Der geschlossene Topf bleibt zum Schmoren ca. 60 Minuten bei 200° im Backofen.

Gedünsteter Hecht

1 Hecht (ca. 2000 g), Salz, 30 g Butter, 1 Zwiebel, 250 g frische Champignons (oder eine Dose entsprechender Größe), ¼ l Weißwein, 1 Teel. Salz, ⅛ l saure Sahne, 1 Teel. Speisestärke, evtl. ½ Teel. Zucker.

Den vorbereiteten Hecht von innen mit Salz einreiben. Die Zwiebel in Würfel schneiden, die Champignons putzen und in Scheiben schneiden. In einer länglichen Pfanne die Butter schmelzen, die Zwiebelwürfel und Champignonscheiben hinzufügen, mit Salz würzen und ca. 10 Minuten dünsten. Dann den Weißwein dazugießen, den Hecht in die Pfanne legen und in der zugedeckten Pfanne dünsten. Nach 10 Minuten den Hecht mit der sauren Sahne übergießen und noch ca. 10 bis 15 Minuten weiter dünsten. Die Sauce mit etwas Speisestärke binden und nach Belieben mit etwas Zucker abschmecken. Den Hecht mit Gemüse anrichten und mit der Sauce und Kartoffeln zu Tisch bringen.

Der Hecht kann auch im Römertopf gedünstet werden. Dazu den Hecht in den gewässerten Römertopf legen, die angedünsteten Zwiebelwürfel und Champignons darüber verteilen, Wein und Sahne darübergießen, den Topf schließen und bei 200° ca. 60 Minuten dünsten.

Gefüllter Hecht in Weißwein

1 Hecht (ca. 2000 g), 250 g Schweinehackfleisch, 1 kl. Dose Pfifferlinge, 50 g Zunge, 1 Zwiebel, 1 Ei, Salz, Pfeffer, etwas Semmelmehl, ½ l Wasser, etwas Dill, 1 Eßl. Salz, 1 Zitrone, ½ l Weißwein.

Die Pfifferlinge und die Zwiebel fein hacken, die Zunge in feine Streifen schneiden und mit dem Hackfleisch und dem Ei zu einem Teig vermengen, mit Salz und Pfeffer würzen und evtl. etwas Semmelmehl hinzufügen. Diese Masse in den vorbereiteten Hecht füllen, den Hecht mit Holzstäbchen zustecken oder mit Faden binden. Aus Wasser, Dill, Salz, Zitronensaft und Weißwein einen kräftigen Sud kochen, den Hecht hineinlegen und 30 bis 40 Minuten leicht kochen, anschließend noch 15 Minuten ziehen lassen. Den Hecht mit Butter oder Holländischer Sauce, Kartoffeln und Salat servieren.

Gebratener Hecht

1 Hecht (ca. 2000 g), Salz, Pfeffer, 1 Eiweiß, 4–6 Eßl. Semmelmehl, 100–150 g Butter.

Den vorbereiteten Hecht mit Salz und Pfeffer würzen, in leicht geschlagenem Eiweiß wenden und mit Semmelmehl panieren. Dann den Fisch mit der Butter in die Pfanne legen und im Backofen, unter öfterem Begießen mit Butter, 30 bis 40 Minuten braun braten. Als Beilage eignen sich Kartoffeln oder Kartoffelsalat. Der Hecht kann auch in einen Bratfolienschlauch gestellt werden. Folie gut verschließen, mehrmals einstechen und im Backofen bei 220° ca. 60 Minuten braten.

Ein Fischer, welcher gerade fischt,
Hat aber gleich den Hecht erwischt.
Er überbringt ihn Hänschens Mutter,
Die denkt: Den braten wir in Butter!

Wilhelm Busch

Gebratene Hechtschnitten

1 Hecht (ca. 1500 g), Sardellenpaste, 1 Ei, 3 Eßl. Semmelmehl, 100 g Butter.

Den Hecht in zweifingerbreite Stücke schneiden. Diese Hechtschnitten mit Sardellenpaste bestreichen und anschließend in verschlagenem Ei wenden und mit Semmelmehl panieren. Die Schnitten ca. 10 Minuten in Butter recht knusprig braten oder im Haushaltfritiergerät 7 bis 8 Minuten bei 170° fritieren. Mit Tomatensauce und Salzkartoffeln servieren.

Speckhecht

1 Hecht (2000–3000 g), 1 Zitrone, Salz, Mehl, 250 g Speck, 125 g Butter, 2–3 Eßl. Mehl, ½ l Milch, 1 Glas Sahne.

Den vorbereiteten Hecht in 15 cm große Stücke schneiden, säuern und salzen. Den Speck in Würfel schneiden und die Hälfte mit der Butter ausbraten. Sobald das Fett rauchheiß ist, die Hechtstücke in Mehl wenden und in dem Fett kroß braten, beim ersten Umdrehen die restlichen Speckwürfel hinzugeben. Die kroß gebratenen Hechtstücke auf einen Teller legen, das Mehl zu dem Fett geben, lichtbraun rösten und mit Milch und Sahne aufgießen. Diese Sauce abschmecken und die Hechtstücke auf

einen Einsatz oder auf Speckschwarten in die Sauce legen und etwa 45 Minuten ganz leicht kochen.

Zu Speckhecht passen am besten Kartoffeln.

Hecht in Kräutercreme

1 Hecht (ca. 1500 g), Essig, Salz 125 g Butter, 1 kl. Zwiebel, 1–2 Bund Petersilie, ½ Glas Kapern, 1 Teel. Sardellenpaste, 1 Teel. Salz, etwas Pfeffer und Muskat, 3 Teel. Semmelbrösel, Saft von 1 Zitrone, 5 Eßl. Weißwein.

Den Hecht in zweifingerdicke Scheiben schneiden, salzen und säuern. Die Zwiebel fein würfeln, Petersilie und Kapern sehr fein hacken. Die Butter schaumig rühren, die angegebenen Zutaten nacheinander hinzufügen und zu einer cremigen Masse verrühren. Einen Teil der Masse in eine Auflaufform streichen, die Hechtschnitten hineinlegen, wieder mit Kräutercreme überstreichen und weitere Fischschnitten darauflegen. Das Gericht 45 Minuten im Ofen überbacken. Dazu Kartoffeln und Salat servieren.

Die Hechtschnitten können auch einzeln in Alufolie gedünstet werden. Dazu die Hechtschnitten mit der Kräutercreme bestreichen, in die Alufolie einhüllen und gleichzeitig mit den Kartoffeln im Kartoffeldämpfer oder im Schnellkochtopf garen.

Hechtfilet mit Pilzen

2 Hechte (je 750–1000 g), Essig, Salz, 125 g Speck, 1 Zwiebel, 250 g Pfifferlinge, 2 Eier, ¼ l Milch.

Die Fische filetieren, säuern und salzen. Den Speck in Würfel schneiden und braten, bis er glasig wird. Inzwischen die Zwiebeln würfeln und mit den gut gesäuberten Pilzen zu dem angebratenen Speck geben und ca. 15 Minuten dünsten. Danach die Hechtfilets mit den Pilzen in eine gefettete Auflaufform schichten, die mit Milch und etwas Salz verrührten Eier darübergießen und das Gericht im Backofen garen, bis die Eiermilch gestockt ist (etwa 45 Minuten). Das Gericht mit Kartoffeln zu Tisch bringen.

Etwas Besonderes ist es, den Fisch mit Kernobst zuzubereiten. Das ist sicher nichts Neues, aber entspricht der augenblicklichen Geschmacksrichtung.

Hechtschnitten mit Birnen

4 Hechtschnitten, ¼ l Wasser, 1 Petersilienwurzel, 1 gestr. Teel. Salz, 2 Birnen, ¼ l Wasser, 100 g Zucker, 1 Stück Zimt, 20 g Butter, 20 g Mehl, ¼ l Flüssigkeit (Birnensaft, Fischsud), etwas Dosenmilch oder Sahne.

Vom Hecht vier fingerdicke Scheiben schneiden. Das Wasser mit der Petersilienwurzel und dem Salz zum Kochen bringen, die Hechtschnitten hineinlegen und ca. 15 Minuten im geschlossenen Topf gar ziehen lassen.

Die Birnen schälen, halbieren und das Kerngehäuse entfernen. Inzwischen das Wasser mit dem Zucker und der Zimtstange aufkochen, die Birnenhälften hineinlegen und gar kochen.

Aus Butter und Mehl eine helle Mehlschwitze bereiten, mit Flüssigkeit aufgießen, etwas Dosenmilch oder Sahne dazugeben und abschmecken.

Von den Hechtschnitten die Gräten entfernen, die Hechtschnitten auf einer Platte anrichten, jede Hechtscheibe mit einer Birnenhälfte belegen und zuletzt mit der Sauce übergießen.

Diese Schnitten können auch im Ofen leicht überbacken werden; dazu Weißbrot oder Toast bereitstellen.

Hechtschnitten in Rotwein

1 Hecht (ca. 1500 g), Salz, Pfeffer, 60 g Butter, 1–2 Schalotten, 2 Eßl. Mehl, ¼ l Rotwein, etwas Thymian, ½ Röhrchen Kapern, 2–3 Sardellen.

Den vorbereiteten Hecht in fingerdicke Scheiben schneiden und mit Salz und Pfeffer würzen. Die Hechtschnitten in Butter von beiden Seiten kurz anbraten und wieder aus der Pfanne nehmen. In dem Fett die kleingeschnittenen Schalotten dünsten, Mehl darüberstreuen, leicht anbräunen und mit Rotwein aufgießen. Die Sauce mit Thymian, gehackten Kapern und Sardellen pikant abschmecken, die Hechtschnitten wieder in die Sauce legen und noch 15 Minuten ziehen lassen. Das Gericht mit Reis servieren.

Hechtpfanne

Hechtreste (ca. 500 g), 1 gr. Zwiebel, 500 g gekochte Kartoffeln, 60–80 g Butter, Salz, evtl. Paprika, 3 Tomaten, 1 kl. Dose Pilze, gehackte Petersilie.

Übriggebliebenen Hecht in Stücke teilen und alle Gräten entfernen. Die Zwiebel in Ringe schneiden und in etwas Butter goldgelb braten. Die Kartoffeln in Scheiben schneiden und ebenfalls braten. Die Tomaten schälen und in Viertel schneiden.

Bratkartoffeln, Zwiebelringe, Hechtstücke, Tomatenviertel und Pilze in eine Pfanne geben, mit Salz und Paprika würzen, gut durchbraten und die Hechtpfanne mit gehackter Petersilie anrichten.

Gebackene Hechtklöße

500 g garen Hecht, 1 altes Brötchen, 1 Ei, Salz, Pfeffer, Nelkenpfeffer, 80–100 g Kokosfett.

Die Hechtreste entgräten und durch einen Fleischwolf geben. Das Brötchen in Wasser einweichen, dann wieder fest ausdrücken und mit dem Hecht-Haschee, einem Ei, Salz, Pfeffer und Nelkenpfeffer vermengen.

Aus dieser Masse mit bemehlten Händen Klöße formen, etwas flachdrücken und in Fett goldbraun braten.

Diese Hechtklöße zu Gemüse oder Salaten servieren.

Eine Variante: Die Hechtklöße in kochendes Wasser geben, 10 Minuten ziehen lassen und in Tomatensauce, Dillsauce oder Krebssauce servieren.

Hechtleber mit Apfel

2–4 Hechtlebern, 1 Eßl. Mehl, 30 g Butter, 1 Zwiebel, 1 Apfel, Salz, Pfeffer, Majoran, Zucker.

Die geschälte Zwiebel in dünne Ringe schneiden. Dann (mit einem Apfelausstecher) aus dem geschälten Apfel das Kernhaus entfernen und Apfelringe von ½ cm Dicke schneiden. Die Hechtlebern in Mehl wenden, von beiden Seiten in der heißen Butter kurz anbraten und wieder aus der Pfanne nehmen. Nun im Fett die Zwiebelringe leicht bräunen, die Apfelringe dazugeben, etwas Majoran darüberstreuen und dann die Leber darauflegen und mit Salz und Pfeffer würzen. Das Gericht solange dünsten, bis die Apfelscheiben gar sind und zuletzt mit etwas Zucker abschmecken. Als Beilage eignen sich Kartoffeln, Kartoffelbrei oder Weißbrot.

Der Tip am Rande

Gegrillter Hecht

Hechtfleisch eignet sich besonders gut für den Holzkohlen- und für den elektrischen Grill. Das Fleisch fällt weder in Karbonaden- noch in Filetform auseinander und nimmt eine besonders appetitliche Färbung an.

Dazu werden die gewünschten Stücke gut getrocknet, gesalzen, nach Geschmack mit Gewürz bestrichen und leicht flüssig angefettet.

Zuerst wird der Fisch angegart, was man an der Weißfärbung erkennt, dann wird das Stück gewendet und diese Seite bereits gebräunt. Nach 6 bis 7 Minuten wird es noch einmal kurz gewendet, nachdem man die Oberfläche wiederum leicht mit Fett bestrichen hat und noch 1 bis 2 Minuten gegrillt. Ihre Fischgrill-Partygäste werden begeistert sein!

Es ist darauf zu achten, daß Fisch beim Grillen den doppelten Abstand vom Hitzeherd haben muß wie Fleisch. Dabei gelingt es besonders gut.

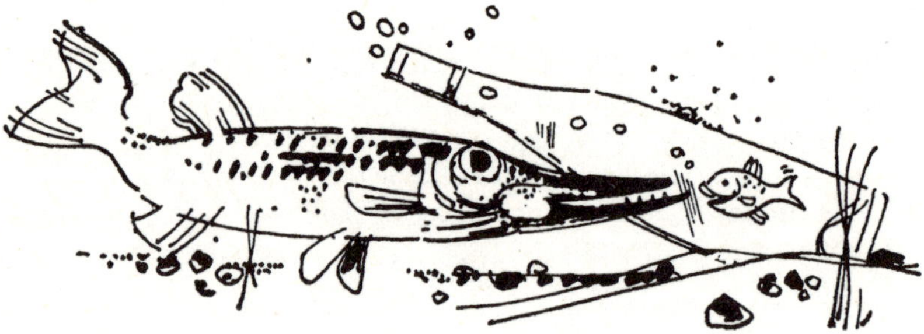

Zander

Zander gibt es beinahe zu *jeder Jahreszeit.*

So häufig wie seine verschiedenen Namen kommt er bei uns gar nicht mehr vor. Er wird auch Hechtbarsch oder Schill, im Donaugebiet Fogosch genannt. Die Holländer tauften ihn „Snoekbaars". Seine bevorzugte Heimat im Norden sind die Haffe, die salzarmen Gebiete der Ostsee. In den südosteuropäischen Gewässern ist er häufiger vertreten, z. B. am Plattensee und dann im europäischen Teil Rußlands.

Er liebt tiefes, aber nicht unbedingt klares Wasser in den Binnenseen und Flüssen, wo er auf Beute lauert – denn auch der Zander ist ein Raubfisch. Ihn zu fangen, erfordert vom Angler einiges Geschick.

Doch das Seltene ist häufig edel. Für den Zander trifft es zu. Er wird, wie auf Seite 18 beschrieben, vorbereitet und kann im ganzen oder in Stücken verwendet werden.

Zander in Dillsauce

1 bis 2 Zander, 2 l Wasser, 1 Bund Suppenkraut, 1 Zwiebel, 1 Teel. Pfefferkörner, 2–3 Eßl. Salz, 1/8 l Essig, 40 g Butter, 40 g Mehl, 1/2 l Flüssigkeit (Fischsud und Dosenmilch oder Sahne), 2–3 Bund Dill.

Den vorbereiteten Zander in Portionsstücke schneiden. Das Suppenkraut putzen, mit der Zwiebel und den Gewürzen im Wasser gut auskochen und dann aus dem Sud nehmen. Den Sud mit Salz und Essig abschmecken, sobald er wieder kocht, die Fischstücke hineinlegen und 10 bis 15 Minuten gar ziehen lassen. Aus Butter und Mehl eine helle Mehlschwitze zubereiten, mit Dosenmilch oder Sahne und Fischsud aufgießen und diese Sauce mit feingeschnittenem Dill abschmecken.

Die Fischstücke in der Dillsauce mit Salzkartoffeln und Kopfsalat servieren.

Zanderschnitten in Weißwein

1 Zander (1000–1500 g), 1/8 l Weißwein, 1/8 l Wasser, 1 kl. Dose Champignons, 1 Zitrone in Scheiben, 2 Teel. Salz, 1 Teel. Zucker.
1 Eßl. Speisestärke, 1 Eigelb, etwas Wasser, gehackte Petersilie.

Den vorbereiteten Zander in ca. 2 cm dicke Scheiben schneiden. In einer Pfanne oder Auflaufform den Weißwein mit dem Wasser, den Zitronenscheiben, Salz, Zucker und den Champignons erhitzen, die Zanderscheiben in den Sud legen und im Ofen etwa 4 Minuten gar ziehen lassen. Inzwischen die Speisestärke mit dem Eigelb und etwas Wasser verrühren. Die Zanderscheiben auf eine Platte legen, den Fischsud mit dem verrührten Eigelb binden und diese Sauce über die Zanderscheiben gießen. Das Gericht mit gehackter Petersilie bestreuen und mit Schwenkkartoffeln und Kopfsalat auf den Tisch bringen.

Zanderschnitten gedünstet

1 Zander (1000–1500 g), Salz, 4 Schalotten, 1 Dose Champignons, 30 g Butter, 1/8 l Rotwein, etwas Semmelmehl.

Den vorbereiteten Zander in fingerbreite Schnitten schneiden und salzen. Die Schalotten recht fein würfeln, die Champignons in Scheiben schneiden. In eine gefettete Auflaufform zuerst die Zwiebelwürfel, dann die Zanderschnitten legen, die Champignonscheiben darüberstreuen, den Wein darübergießen. Die Zanderschnitten zuletzt mit Butterflöckchen belegen, evtl. etwas Semmelmehl darüberstreuen und im Backofen etwa 30 bis 40 Minuten dünsten. Kartoffelcroquettes eignen sich als Beilage.

Zanderschnitten mit Tomatenmark

1 Zander (1000–1500 g), 2 Zwiebeln, 3 Eßl. Öl, 2 Zitronen, 1½ Teel. Salz, ½ Teel. Pfeffer, 2 Teel. Tomatenmark, evtl. 1/8 l Weißwein.

Den vorbereiteten Zander in fingerbreite Schnitten schneiden. Die Zwiebeln in Ringe schneiden und in dem Öl leicht braun rösten, dann den Zitronensaft, Salz, Pfeffer und Tomatenmark hinzufügen, abschmecken und nach Belieben den Wein hinzugießen. Die Zanderschnitten in diese Sauce legen und 10 Minuten gar dünsten.

Dieses Gericht warm mit Kartoffeln servieren oder kalt anrichten zu Toast.

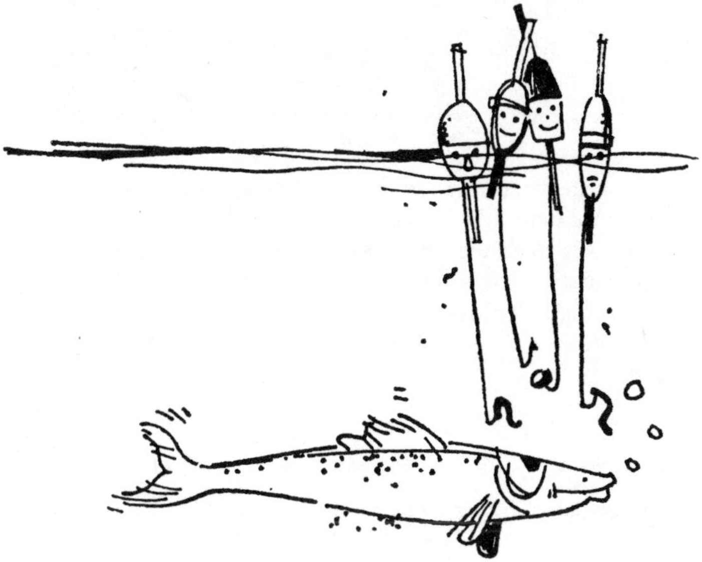

Im Zeitalter der Renaissance war bei festlichen Mahlzeiten, so seltsam dies klingt, das Essen durchaus nicht die Hauptsache. Die Pflege geistvoller Gespräche und die Ehrung des Gastes standen im Vordergrund.

Als Agostino Chigi in Rom ein Bankett gab, dem auch der Papst beiwohnte, ließ er einen besonders wertvollen und seltenen Fisch auftragen, den er eigens im lebenden Zustand aus Byzanz hatte kommen lassen. Beim Abschied sagte ihm der Papst: „Ich habe immer gedacht, Agostino, daß wir vertrauter miteinander wären!"

Agostino antwortete: „Und die Bescheidenheit meines Hauses hat die Ansicht Eurer Heiligkeit aufs neue bestätigt!"

Panierte Zanderschnitten

1 Zander (1000–1500 g), Zitronensaft, Salz, 3 Eßl. Mehl, 1 Ei, etwas Wasser, 4 Eßl. Semmelmehl, 100 g Kokosfett oder Butter.

Etwa 2 cm dicke Zanderscheiben salzen und mit Zitronensaft beträufeln. Das Ei mit etwas Wasser verschlagen. Die Zanderscheiben zuerst in Mehl, dann in verschlagenem Ei, zuletzt in Semmelmehl wenden und in heißem Kokosfett etwa 4 Minuten ausbacken oder im Haushaltsfritiergerät fritieren. Die goldfarbenen Zanderschnitten auf Käsemakkaroni anrichten; dazu gedünstete Tomaten.

Kalter Zander

1 Zander (1500–2000 g), 2 l Wasser, 2 Eßl. Salz, 2 Zwiebeln, 2 Lorbeerblätter, 1 Teel. Pfefferkörner, 1 Teel. Butter, ¼ l Essig.
200 g Mayonnaise, Zitronenscheiben, Kapern, Sardellen, Eier, Tomaten.

Aus den angegebenen Zutaten einen kräftigen Fischsud herstellen, den vorbereiteten Zander hineinlegen und ca. 10 bis 15 Minuten gar ziehen lassen. Danach den Zander abkühlen lassen und dann vorsichtig die Haut entfernen. Den kalten, abgezogenen Zander auf eine Platte legen, mit Mayonnaise, Sardellen, Kapern und Zitronenscheiben verzieren und die Platte mit gefüllten Eiern und Tomatenkörbchen garnieren – ein wahres Festessen!

Gefüllter Zander

1 Zander (1000 g), Essig, Salz, 1 Bund Suppenkraut, 1 Teel. Tomatenmark, 150 g durchwachsener Speck.

Den vorbereiteten Zander von innen und außen mit Salz einreiben und mit Essig beträufeln, Sellerie und Mohrrüben putzen und fein reiben, den gut gewaschenen Porree sehr fein schneiden. Das Gemüse gut mit dem Tomatenmark vermischen und in den Zander füllen. Den Zander mit Holzstäbchen zustecken, mit Speckscheiben belegen und in einen Bratfolienschlauch legen. Die Folie gut verschließen, mehrmals einstechen und den Zander bei 220° ca. 50 Minuten garen. Der Zander kann auch in einer Bratpfanne gebraten werden. Kartoffeln und Salate eignen sich als Beilage.

Überbackene Zanderfilets

1 Zander (1500–2000 g), 2 l Wasser, 2 Eßl. Salz, 1 kl. Dose Champignons, 2 Eier, 10 g Butter, 1 Glas Joghurt, 1 Teel. Salz, 1 Prise Pfeffer.

Den gut vorbereiteten Zander in kochendes Salzwasser legen und 10 bis 15 Minuten gar ziehen lassen. Dann von dem Zander Haut und Gräten entfernen und die Filets in eine gefettete Auflaufform legen. Die Champignons in Scheiben schneiden und über die Fischfilets streuen. Die Eier mit dem Joghurt und etwas Champignonbrühe verschlagen, mit Salz und Pfeffer würzen und diese dickflüssige Creme über den Fisch gießen. Das Gericht etwa 25 Minuten im Ofen überbacken und mit Kartoffeln oder Weißbrot und Salat servieren.

Aalquappen-Leberragout. Rezept Seite 108
Lachs in Schaumwein. Rezept Seite 49 (Photos: E. Rickwardt)

Gespickter Zander mit Käse

1–1,5 kg Zander, Salz, Essig oder Zitronensaft, 125 g Speck, 50 g geriebenen Parmesankäse, Senf, ¼ l saure Sahne, 100 g Butter, 1 Bund Petersilie.

Zander ausnehmen, schuppen, waschen und von rechts und links entlang der Rückenflosse in versetzten Reihen spicken, dann salzen und säuern. Außen dünn mit Senf bestreichen, in eine längliche Pfanne stellen, mit Käse bestreuen und im vorgeheizten Backofen 30 Minuten bei 200° überkrusten. Nach 15 Minuten mit Sahne begießen.

Auf einer langen Platte anrichten, mit brauner Butter übergießen und mit Petersilie garnieren. Dazu schmecken Röstkartoffeln.

Zander in Senfsauce

1 mittelgroßer Zander, Essig oder Zitrone, Salz, Pfeffer, 50 g Butter, 3 Eßl. gehackte Kräuter (Petersilie, Dill, evtl. Zitronenmelisse).
Für die Senfsauce: 50 g Butter, 1 Eßl. Mehl, ¼ l Fleischbrühe, 3 Teel. Senf, Salz, 1 Prise Zucker, 1 hartgekochtes Ei.

Den gesäuberten Zander 30 Minuten säuern. In der Zwischenzeit die Butter sahnig rühren, mit den gehackten Kräutern mischen und mit Salz und Pfeffer würzen. Nun den gesäuerten Zander trockentupfen, von innen salzen und pfeffern und anschließend die Kräuterbutter in und auf dem Zander verteilen. Den so vorbereiteten Zander in Alufolie einwickeln und im vorgeheizten Backofen bei 160° 50 Minuten garen. Für die Sauce aus Butter und Mehl eine helle Mehlschwitze bereiten, mit der Fleischbrühe aufgießen, mit Senf, Salz und Zucker abschmecken und evtl. mit etwas Sahne verfeinern. Zuletzt das hartgekochte Ei würfeln und unter die Sauce heben. Den inzwischen gegarten Zander aus der Folie wickeln, auf einer vorgewärmten Platte anrichten und mit gehackten Kräutern garnieren. Auch zu diesem Gericht schmecken Petersilienkartoffeln.

Kalt angerichtet

Zanderschnitten

4 gegarte Zanderschnitten, 2 Teel. Pulvergelatine, knapp ⅛ l Fischsud, 100 g Mayonnaise, Petersilie, Tomaten, Zitronenscheiben.

Die Gelatine quellen lassen, in dem heißen Fischsud auflösen und die Zanderschnitten recht dünn mit erkalteter Aspikflüssigkeit überziehen. Die Schnitten mit Mayonnaise, Tomatenscheiben, Zitronenscheiben und Petersilie verzieren und zu Weißbrot oder Toast servieren.

Zander-Mayonnaise

Zander-Reste, 2 Eßl. Öl, 100 g Mayonnaise, etwas Zitronensaft, Salz, Zucker, Petersilie.

Von den Zanderresten Haut und Gräten entfernen und das Fischfleisch recht fein hacken. Anschließend das Fischfleisch mit dem Öl und der Mayonnaise zu einer cremeartigen Masse verrühren und diese mit Zitronensaft, Salz, Zucker und gehackter Petersilie pikant abschmecken.

Eine Variante: 1 feingewürfelte Gewürzgurke und 1 Eßl. gehackte Kapern hinzufügen, mit Eischeiben verzieren und auf Toast servieren.

Zandersuppe mit Krabben

250–500 g Zanderfleisch, 125 g Krabbenfleisch, 30 g Butter, 1 Zwiebel, 1 Paprikaschote, 1 Teel. Tomatenmark, 1 l Wasser, 1 Fleischbrühwürfel, 1 Teel. Salz, gehackte Petersilie.

Die Zwiebel fein würfeln, die Paprikaschote in feine Streifen schneiden, beides in der Butter andünsten, Tomatenmark zugeben, mit dem Wasser aufgießen und mit Salz und dem Fleischbrühwürfel würzen. Das Zanderfleisch entgräten, in Stücke schneiden und mit dem Krabbenfleisch in die Brühe geben, 10–15 Minuten ziehen lassen; zuletzt mit gehackter Petersilie bestreuen.

Wels oder Waller

Der Wels oder Waller, der „Hai des Süßwassers“, ist rein theoretisch gesehen der größte Fisch, den ein Angler bei uns an Fluß und See je an die Angel bekommen kann und auch dann nur mit einem sehr starken Geschirr.

Der Wels ist ein Raubfisch, ein nicht sehr wählerischer Allesfresser, der sein Versteck oft erst in der Nacht verläßt und weder Fische noch Krebse, Wasservögel und kleinere Säugetiere verschmäht. Er hat wohlschmeckendes fettes Fleisch und wird deshalb von Feinschmeckern besonders geschätzt. Vorbereitet wird er wie auf Seite 18 beschrieben. Kleine Waller können im ganzen zubereitet werden, bei großen Wallern empfiehlt es sich, Portionsstücke zu schneiden. Die Bauchflosse kann gestutzt werden. Die Leber schmeckt gebraten besonders gut. Milch und Rogen können mitverwendet werden.

Besonders häufig soll der Waller in der Donau anzutreffen sein. Daher ist es naheliegend, ihn mit Ingredienzien seiner dortigen Heimat in Verbindung zu bringen, und wir entscheiden uns für . . .

Waller mit Paprika und Tomaten

1000 g Waller, Salz, Essig, 100 g Butter, 1 Zwiebel, 125 g Paprikaschoten, 250 g Tomaten, etwas Speisestärke.

Den Waller in zweifingerdicke Scheiben schneiden, salzen und mit Essig übergießen. Die Zwiebel würfeln, entkernte Paprikaschoten auswaschen und in Streifen schneiden. Die Tomaten schälen und vierteln. Zwiebelwürfel und Paprikastreifen 5 Minuten in Butter andünsten, die Fischscheiben dazugeben, Tomatenviertel darauflegen und nun das Gericht 20 bis 30 Minuten im geschlossenen Topf dünsten.

Der Waller kann auch im Römertopf gedünstet werden. Dazu die angedünsteten Zwiebelwürfel und Paprikastreifen in den gewässerten Römertopf geben, die Wallerscheiben darauflegen, Tomatenviertel darüber verteilen, Butterflöckchen daraufsetzen, den Topf schließen und bei 220° ca. 40 Minuten garen. Nach Belieben die Sauce mit etwas angerührter Speisestärke binden und abschmecken. Dann den Fisch mit dem Gemüse auf den Tisch bringen. Als Beilage schmecken Reis oder Kartoffeln.

Waller mit Porree gedünstet

1000 g Waller, Salz, Pfeffer, Essig, 100 g Butter, 100 g Porree, 1 Ei, 1/8 l Milch.

Den Waller in zweifingerdicke Scheiben schneiden, mit Salz und Pfeffer würzen und mit heißem Essig übergießen. Dann den geputzten Porree in Scheiben schneiden und ca. 5 Minuten in Butter andünsten. Anschließend Wallerstücke und Porree in eine feuerfeste Form legen und 25 Minuten im Ofen dünsten. Inzwischen das Ei mit der Milch verquirlen, über die garen Fischstücke gießen und ca. 10 Minuten ziehen lassen. Dazu Salzkartoffeln servieren.

Waller pikant

1000 g Waller, Salz, Essig, 100 g Butter, 1 kl. Zwiebel, 3 Äpfel, 5 Teel. geriebenen Meerrettich, 1 Ei, 1 Glas Joghurt.

Den Waller in zweifingerdicke Scheiben schneiden, salzen und säuern. Die Zwiebel würfeln, in Butter andünsten, die Wallerscheiben nacheinander dazugeben und jeweils von beiden Seiten leicht anbraten. Die Äpfel schälen, auf einer Rohkostreibe reiben, mit dem geriebenen Meerrettich vermengen und mit Salz würzen. Die angebratenen Wallerscheiben in eine flache feuerfeste Form legen, auf jede Scheibe etwas Apfel-Meerrettichmasse geben und im Ofen oder im Elektrogrill ca. 25 Minuten dünsten. Inzwischen das Ei mit dem Joghurt verrühren, über die Fischscheiben gießen und noch 10 Minuten überbacken. Das Gericht mit Kartoffeln servieren.

Waller mit Pfifferlingen

750 g Waller, Salz, Essig, 80 g Butter, 1 kl. Zwiebel, 1 Dose Pfifferlinge, 1 Ei, 1/4 l saure Sahne, 1/16 l Milch.

Den Waller in zweifingerdicke Scheiben schneiden, säuern und salzen. Gewürfelte Zwiebel in Butter andünsten, die Pfifferlinge dazugeben, gut durchdünsten und dann mit den Fischscheiben in eine gefettete Auflaufform einschichten. Das Ei mit saurer Sahne und Milch verquirlen, salzen und diese Flüssigkeit über die eingeschichteten Zutaten gießen. Das Gericht 30 Minuten im Ofen überbacken und mit Kartoffeln servieren.

Waller in Gelee *Fischreste, ½ l Fischsud, 1 Päckchen Pulvergelatine.*

Das Fischfleisch in eine Schüssel geben, zuvor Haut und Gräten entfernen. Die Gelatine nach Anleitung in dem Fischsud lösen und über das Fischfleisch gießen. Den kalten Fisch im Gelee mit Röstkartoffeln servieren.

Waller in Backteig *750–1000 g Waller, Salz, Essig, 1 Ei, 6 Eßl. Mehl, 3 Eßl. Milch, 150–200 g Kokosfett oder Butter.*

Den Waller in Scheiben schneiden, salzen und säuern. Aus dem Ei, 3 Eßlöffel Mehl und der Milch einen Teig herstellen und mit etwas Salz würzen. Das restliche Mehl auf einen Teller geben, die Wallerscheiben zuerst in diesem Mehl, dann in dem Teig wenden und in heißem Kokosfett ca. 10 Minuten in der Pfanne ausbacken oder bei 170° im Haushaltsfritiergerät 7 bis 8 Minuten fritieren. Als Beilage eignet sich Kartoffelsalat.

Ein anderer Vorschlag: Mit Tomatensauce zu Salzkartoffeln und frischem Kopfsalat servieren.

Wallerscheiben können auch mit Ei und Semmelmehl paniert werden.

Waller vom Holzkohlenrost *1 Waller (1000–1500 g), 2 Zitronen, Salz, Pfeffer, Origano, 100 g Butter.*

Den Waller in fingerdicke Scheiben schneiden, mit Zitronensaft beträufeln und mit Salz, Pfeffer und Origano kräftig würzen. Den Rost mit Alufolie belegen, diese mit Butter bestreichen und die gewürzten Wallerscheiben darauflegen. Die Wallerscheiben von jeder Seite 12 bis 15 Minuten garen, zwischendurch mit Butter bestreichen. Als Beilage eignen sich Schwenkkartoffeln, Kräuterbutter und Brot.

Waller mit Kräutern gefüllt

1 Waller (1000–1500 g), 2 Zitronen, Salz, Fischgewürz, Senf, 8-Kräuter-Mischung, 50 g Butter, 1 Glas Weißwein

Den Waller kräftig mit Zitronensaft, Salz und Fischgewürz würzen, von innen mit Senf bestreichen und mit den Kräutern füllen, dann in eine gefettete Pfanne setzen, mit Butter bestreichen, 1 Glas Weißwein zugießen und im Ofen bei 220° 30 bis 40 Minuten dünsten.

Der Waller im Weine . . .

Wenn wir uns nachträglich erinnern, welch ungewollte Verheerungen die an sich wohlgemeinte Prohibition in amerikanischen Fischküchen einst angerichtet haben muß – der Verzicht auf Wein bei der Bereitung von Fischgerichten, allen Gourmets zum kalten Entsetzen –, sind wir versucht, uns noch posthum einen ganzen Walfisch in einem Faß Malvasier zu dünsten! Zum anderen verdanken wir dieser vergangenen Maßnahme das Aufblühen einer weltweiten Säfteindustrie und gießen uns, wenn auch im Innern nicht gänzlich überzeugt, gelegentlich etwas Obstsaft in den Fischsud. Mengen wir also, versöhnlich und zum Kompromiß geneigt, Wein und Wasser zu gleichen Teilen für folgende zwei Gerichte:

Waller in Weißwein mit Käsesauce

750–1000 g Waller, ½ l Wasser, 1 Schalotte, 1 Eßl. Salz, 1 Teel. Fischgewürz (Pfeffer, Wacholder, Piment), ½ l Weißwein, 40 g Butter, 40 g Mehl, ½ l Fischsud, etwas Dosenmilch oder Sahne, 5 Eßl. geriebenen Käse.

Den Waller in Stücke schneiden. Das Wasser mit der Schalotte, dem Salz und den Gewürzen tüchtig durchkochen, die Schalotte herausnehmen und den Weißwein dazugießen. Sobald der Sud wieder kocht, die Wallerstücke hineinlegen und 15 bis 20 Minuten leicht kochen lassen.

Aus Butter und Mehl eine helle Mehlschwitze zubereiten, mit dem Fischsud aufgießen, mit etwas Dosenmilch oder Sahne verfeinern und zuletzt den geriebenen Käse unterrühren. Die Sauce abschmecken und zu dem Fisch mit Salzkartoffeln und Kopfsalat servieren.

Waller in Rotwein

750–1000 g Waller, 1/4–1/2 l Wasser, 1 Zimtstange, 1 Teel. Pfefferkörner, 4 Wacholderbeeren, 1/2–1 Eßl. Salz, 1/4–1/2 l Rotwein, etwas Speisestärke.

Den Waller in Portionsstücke schneiden. Das Wasser mit der Zimtstange, Pfefferkörnern, Wacholderbeeren und Salz aufkochen und den Rotwein dazugießen. Sobald der Sud wieder kocht, die Wallerstücke hineingeben, 10 Minuten kochen und weitere 10 Minuten ziehen lassen. Zum Fisch Reis oder Kartoffelcroquettes servieren. Einen Teil des Suds mit Speisestärke binden und als Sauce servieren.

Lachs oder Meerforelle

Der Lachs, auch Salm genannt, ist ein Edler unter den Fischen und auf der Tafel! Er war schon den Römern eine Delikatesse, und die wohl älteste Abbildung des Lachses fanden Archäologen in den Pyrenäen, eingeritzt auf einem vorzeitlichen Stück Rentiergeweih aus dem 12. bis 15. Jahrhundert vor Christi!

Der Lachs lebt im nördlichen Atlantik und in der Nord- und Ostsee. Zu stattlicher Größe herangewachsen, begibt er sich auf die Wanderschaft, um zum Laichen in die Quellbäche der dem Meer zufließenden Flüsse aufzusteigen. Er wagt gewaltige Sprünge, mit denen er Stromschnellen und Wehre überwindet. Gefangen wird er meist in den Sommermonaten.

In Deutschland trifft man ihn heute nur noch selten, und Rheinsalm als Festessen findet sich eher auf feingedruckten Menükarten aus Großmutters Mädchenjahren. Er war und bleibt eine Delikatesse, über deren Qualität sich Deutsche und Franzosen schon immer einig waren: Die einen tranken Rheinwein zum Salm, die anderen Chablis.

In Aussehen und Lebensweise dem Lachs eng verwandt ist die Meerforelle, die nach den gleichen Rezepten wie der Lachs zubereitet werden kann. Dies gilt auch für Huchen.

Lachs wird wie auf Seite 18 beschrieben vorbereitet. Ein Lachsgericht ist immer ein kulinarischer Höhepunkt, gleich ob er im ganzen, in Stücken oder in Scheiben zubereitet ist.

Lachs, kalt angerichtet. Rezept Seite 50

Räucheraalleckerbissen. Rezepte der Seiten 104–105 (Photos: E. Rickwardt)

Lachs in Weißwein gekocht

1 Stück Lachs (ca. 1500 g), ½ l Wasser, 1–2 Eßl. Salz, 1 Flasche Weißwein, 1 Dose Champignons, Saft einer Zitrone, 1 Eigelb, evtl. etwas Sardellenpaste, 1 Teel. Maisstärke.

Wasser, Champignonsud (aus dem Doseninhalt) und Zitronensaft mit dem Salz aufkochen, dann den Weißwein dazugießen. Sobald der Sud wieder kocht, den vorbereiteten Lachs hineinlegen und 20 Minuten leicht kochen lassen. Den Lachs mit leicht angebratenen Champignons auf einer Platte anrichten. Unterdessen den Sud etwas einkochen lassen, Eigelb und Maisstärke mit etwas Wasser verrühren, den Sud damit binden und – nach Belieben – mit etwas Sardellenpaste abschmecken. Als Beilage eignet sich auch holländische Sauce, außerdem Kartoffeln und Kopfsalat.

Lachs in Schaumwein gekocht

1 Stück Lachs (ca. 1500 g), ½ l Wasser, ½ Zitrone, 1 kl. Zwiebel, 1–2 Eßl. Salz, 1 Teel. Pfefferkörner, 1 Flasche Schaumwein, 1 Teel. Maisstärke, 1 Eigelb, evtl. etwas Curry.

Das Wasser mit der in Scheiben geschnittenen Zitrone, der geschälten ganzen Zwiebel, dem Salz und den Pfefferkörnern gut durchkochen. Dann die Zitronenscheiben und die Zwiebel entfernen, den Schaumwein hinzugießen und, sobald der Sud zum Kochen kommt, den vorbereiteten Lachs hineinlegen und 20 bis 30 Minuten leicht kochen lassen.

Den Lachs auf einer Platte anrichten und, weil es ein Festessen ist, mit Hummerkrabben, Muscheln und Krabbenragout-Pastetchen servieren. Den Sud inzwischen leicht einkochen; Eigelb mit Maisstärke und wenig Wasser verrühren, den Sud damit binden und nach Belieben mit etwas Curry pikant abschmecken.

Als Beilage eignen sich Kartoffeln und Kopfsalat.

Lachs in Schaumwein gedünstet

1 Stück Lachs (ca. 1500 g), 30 g Butter, 1–2 kl. Zwiebeln, 125 g Champignons, Salz, Pfeffer, 1 Fl. Schaumwein, 1 Teel. Speisestärke, evtl. Zitronensaft, gehackte Petersilie.

Die Zwiebeln fein würfeln, die Champignons putzen, waschen und in Scheiben schneiden. Zwiebelwürfel und Champignonscheiben 5 bis 10 Minuten in Butter dünsten und kräftig würzen. Nun den vorbereiteten Lachs darauflegen, den Schaumwein darübergießen und das Gericht etwa 30 Minuten lang im geschlossenen Topf dünsten.

Der Lachs kann auch im Römertopf gegart werden. Dazu die angedünsteten Zwiebeln und Champignons in den gewässerten Römertopf geben, den Lachs darauflegen, mit Schaumwein übergießen, den Topf schließen und 50 Minuten bei 200° dünsten. Danach den Lachs anrichten, den Sud mit angerührter Speisestärke binden, abschmecken, über den Lachs gießen. Gehackte Petersilie darüberstreuen. Als Beilage Kartoffeln servieren.

Keine Angst – auch Preußens Könige aßen Kartoffeln, an der Tafelrunde von Sanssouci waren sie sogar noch ein Novum und damit – eine Delikatesse.

Lachs kalt angerichtet

1 Stück Lachs (ca. 1500 g), ½ l Wasser, 1–2 Eßl. Salz, 1 Flasche Weißwein, evtl. Saft einer Zitrone, 1 kl. Dose Champignons, 1 Päckchen Pulvergelatine.

Champignonsud, Salz und Wasser aufkochen, den Weißwein dazugeben und, je nach Geschmacksrichtung des Weines, evtl. mit Zitronensaft abschmecken. Sobald der Sud wieder kocht, den vorbereiteten Lachs hineinlegen und 20 bis 30 Minuten leicht kochen lassen. Den Lachs am besten im Sud erkalten lassen. Dann auf der Oberseite die Haut ablösen und das Lachsfleisch mit Zitronenscheiben und Champignons oder Tomaten- und Gurkenscheiben verzieren. Nun aus einem halben Liter Fischsud und Pulvergelatine nach Anleitung Aspik herstellen und damit die verzierte Fläche vorsichtig überziehen. Kalter Lachs ist ein besonderer Leckerbissen für ein Kaltes Büfett.

Reistopf mit Lachs

1 Eßl. Butter, 1 Zwiebel, 100 g Champignons, 1 Eßl. Reis, 1 Teel. Salz, 250 g Lachsreste, 2 Eßl. Tomatenketchup, Pfeffer.

Die Zwiebel würfeln, die Champignons putzen und in Scheiben schneiden. Die Zwiebelwürfel und die Champignonscheiben in Butter andünsten, den Reis dazugeben und etwas kochendes Wasser dazugießen. Den Reis salzen, in 20 Minuten gar kochen, die Lachsreste dazugeben und das Gericht mit Tomatenketchup und Pfeffer kräftig abschmecken.

Vier Scheiben Lachs, vielfach variiert . . .

Lachs in pikanter Kräutersauce

4 Scheiben Lachs (ca. 500 g), 100 g Butter, 1 kl. Zwiebel, 2 Bund Petersilie, 2 Teel. Kapern, 1 Sardelle, Saft von einer Zitrone.

Die Lachsscheiben etwa daumendick schneiden.

Die Zwiebel feinwürfeln, Petersilie, Kapern und die entgrätete Sardelle hacken. Die Butter schmelzen, die vorbereiteten Zutaten hinzufügen, etwas dünsten und dann den Zitronensaft dazugeben.

Alufolie in passende Stücke schneiden, mit der Kräuterbutter bestreichen, jeweils eine Lachsscheibe darauflegen und die restliche Kräuterbutter darübergießen. Die Alufolie zusammenfalten und diese Päckchen auf den Kartoffeln im Kartoffeldämpfer oder im Schnellkochtopf garen.

Die Lachsschnitten in der Sauce servieren, dazu Kartoffeln reichen.

Gebackene Lachsscheiben mit Krabbenragout

4 Scheiben Lachs (ca. 500 g), Saft einer halben Zitrone, ⅛ l Wasser, ⅛ l Weißwein, 1 Dose Champignons, Salz, Zucker, 1 Ei, 2–3 Eßl. Semmelmehl, 2–3 Eßl. Parmesankäse, 60–80 g Butter.
1 Eßl. Butter, 1 Eßl. Mehl, ¼ l Fischsud, etwas Dosenmilch, Zitronensaft, Sardellenpaste, Salz, 125 g Krabbenfleisch, Champignons.

Wasser, Champignonsud und Weißwein aufkochen, mit Salz und Zucker abschmecken und die Lachsscheiben hineinlegen. Nach 15 Minuten die Lachsscheiben aus dem Sud nehmen und abkühlen lassen. Inzwischen Semmelmehl und Parmesankäse vermischen, die Lachsscheiben in verschlagenem Ei, dann in dieser Mischung wenden und in 60 bis 80 g Butter von beiden Seiten goldbraun braten.

Aus 1 Eßl. Butter und Mehl eine helle Mehlschwitze herstellen, mit Fischsud aufgießen, Dosenmilch hinzufügen und die Sauce mit Zitronensaft, Sardellenpaste und Salz pikant abschmecken. Das Krabbenfleisch und die Champignons in die Sauce geben und zu den gebackenen Lachsscheiben servieren. Als Beilage eignen sich Reis oder Kartoffeln.

Lachs in Fruchtsauce

4 Scheiben Lachs (ca. 500 g), 30 g Butter, 1 kl. Zwiebel, ⅛ l Schwarzer Johannisbeersaft, Saft einer Apfelsine, 1 gestr. Teel. Salz, Zucker, 1 Teel. Speisestärke.

Von einem gut gesäuberten Lachs 4 daumendicke Scheiben abschneiden. Die Zwiebel fein würfeln, in der Butter andünsten, die gesalzenen

Lachsscheiben darauflegen und 5 Minuten von beiden Seiten dünsten. Danach den Fruchtsaft hinzufügen, aufkochen und den Fisch noch 5 bis 10 Minuten ziehen lassen. Die Lachsscheiben anrichten, die Sauce abschmekken und nach Belieben mit angerührter Speisestärke binden. Als Beilage sei Reis empfohlen.

Lachs in Muscheln

Lachsreste, etwa 2 Scheiben, 1 Eßl. Butter, 1 Eßl. Mehl, 1/4 l Fischsud, 1–2 Eßl. Parmesankäse, Salz, 10 g Butterflöckchen.

In vier leicht gefettete Muscheln die Lachsreste verteilen. Eine helle Mehlschwitze aus Butter und Mehl herstellen, mit Fischsud aufgießen und mit Parmesankäse und Salz abschmecken. Diese Käse-Sauce über das Lachsfleisch gießen, mit Butterflöckchen belegen und die Muscheln 15 bis 20 Minuten im Ofen oder im Grill überbacken.

Als Hors d'oeuvre mit Weißbrotscheiben gerade das Rechte.

Überbackene Lachsscheiben

4 Scheiben Lachs (ca. 500 g), 1/2 l Wasser, 1 Teel. Salz, Saft einer Zitrone, 30 g Butter, 1/4 l Milch, 1 Prise Pfeffer, 1 Eßl. Sardellenpaste, 1 Eßl. Semmelmehl, 1 Eßl. Parmesankäse.

Die Lachsscheiben in einem Sud aus Wasser, Salz, Zitronensaft etwa 15 Minuten garziehen lassen und in eine gefettete Auflaufform legen. 20 g Butter mit Milch, Pfeffer und Sardellenpaste aufkochen und über die Lachsscheiben gießen. Semmelmehl und Parmesankäse vermischen und über die Lachsscheiben streuen, Butterflöckchen daraufsetzen und das Gericht etwa 20 Minuten im Ofen oder im Grill überbacken.

Als Beilage Kartoffeln und Salate servieren.

Kalter Lachs mit Grapefruit

4 Scheiben Lachs (ca. 500 g), 1/8 l Wasser, 1/8 l Weißwein, Saft von 1/2 Zitrone, 1 gestr. Teel. Salz, 1/2 Teel. Zucker, 1 Grapefruit, 100 g Mayonnaise.

Die Lachsscheiben in einem Sud aus Wasser, Weißwein, Zitronensaft, Salz und Zucker etwa 15 Minuten garziehen lassen oder statt dessen Reste von einem Lachsessen verwerten. Eine Grapefruit schälen, in Scheiben schneiden und auf eine Platte legen. Auf die Grapefruitscheiben die kalten Lachsstücke legen, nach Belieben mit etwas Grapefruitsaft beträufeln und mit Mayonnaise und Grapefruitstückchen verzieren.

Kalter Lachs mit Remoulade

4–8 Scheiben Lachs, ⅛ l Wasser, ¼ l Weißwein, Saft von einer Zitrone, 1 gehäufter Teel. Salz, 1 Teel. Zucker, ½ Päckchen Pulvergelatine.
100 g Mayonnaise, etwas Dosenmilch, Zitronensaft, Salz, Zucker, 1 kl. Gewürzgurke, ½ Glas Kapern, Petersilie, Schnittlauch, evtl. etwas Senf.

Die daumenbreiten Lachsscheiben 10 bis 15 Minuten in einem Sud aus Wasser, Weißwein, Zitronensaft, Salz und Zucker garziehen lassen. Die Pulvergelatine in ¼ l Fischsud nach Anleitung auflösen und die erkalteten Lachsscheiben mit dem dickflüssigen Weingelee überziehen.

Für die Remouladensauce: Gewürzgurke, Kapern und Petersilie kleinhacken, Schnittlauch sehr fein schneiden und mit der Mayonnaise und einem Schuß Dosenmilch verrühren. Die Remouladensauce mit Zitronensaft, Salz und Zucker, evtl. etwas Senf, abschmecken. Die Lachsscheiben auf einer passenden Platte anordnen und mit der Remouladensauce so übergießen, daß die Fischscheiben nur zum Teil bedeckt werden.

Lachs-Aspik-Förmchen

Zutaten pro Förmchen:
2 Eßl. Lachsfleisch, 1 Eßl. Tomatenketchup, Salz, Pfeffer, 1 Teel. Pulvergelatine, 1/10 l Wasser.

Das Lachsfleisch recht fein zerkleinern. Die Pulvergelatine nach Anleitung in dem Wasser auflösen, Tomatenketchup, Salz und Pfeffer hinzufügen, zuletzt das zerkleinerte Lachsfleisch dazugeben, gut verrühren und abschmecken. Diese Masse in ein mit kaltem Wasser ausgespültes Förmchen geben, erkalten lassen, stürzen und zu Toast und Butter servieren.

Lachs mit Krabben überbacken

4 gedünstete Lachsscheiben oder -reste (ca. 500 g), 100 g Krabbenfleisch, 1 kl. Dose Champignons, 1 Eßl. Butter, 1 Eßl. Mehl, Weißwein, Salz, Zucker, 1 Eßl. Semmelmehl, 10 g Butterflöckchen.

Die Lachsscheiben bzw. Lachsreste in eine gefettete Auflaufform legen und darüber Krabben und Champignons verteilen. Aus Butter und Mehl eine helle Mehlschwitze bereiten, mit Champignonsud aufgießen, etwas Weißwein hinzufügen und mit Salz und Zucker abschmecken. Diese Sauce über die Lachsscheiben gießen, mit Semmelmehl überstreuen, Butterflöckchen daraufsetzen und das Gericht im Ofen oder im Grill 20 bis 30 Minuten überbacken. Vorschlag für die Beilage: Kartoffeln oder Reis.

Fehlen noch weitere Lachsspezialitäten?

Gewiß, werden Sie sagen und nach einem besonders reichhaltigen Fischessen zum „Danziger Lachs" greifen, dem berühmten Danziger Goldwasser, das freilich in jenem speziellen Sud destilliert wird, den Liköre nun einmal benötigen . . .

Für den Huchenfreund der Tip am Rande

Das Fleisch des „Donaulachses" entspricht zwar nicht ganz dem des begehrten Lachses, weil das Fleisch weicher ist. Trotzdem darf sich der Huchenfreund gerne an die Rezeptempfehlungen für Lachse und vornehmlich für Meerforellen halten. Außerdem sind Huchen auch besonders gut in Stücken oder im ganzen zu räuchern, wobei darauf zu achten ist, daß kurz und heiß gegart und lang und gleichmäßig warm geräuchert wird. Je länger die Räucherzeit, um so wohlschmeckender und saftiger wird der Fisch, wenn er vorher von innen und außen vollkommen getrocknet wurde!

Forelle

„Das Kind der klaren Welle, die schön gesprenkelte Forelle . . .“ Der Dichter dieser Zeile hat damit sicherlich, wie der Musiker Schubert in seinem „Forellenquintett“, die Bachforelle besungen, die edelste unter den Forellenarten, die in den Alpenseen und Bächen des mittleren Europa zu Hause ist. Dort hat sie oft ihren bestimmten „Stand“ im Wasser, und geübte Naturburschen fangen sie zuweilen mit der Hand.

Dieser schön gezeichnete Fisch unterscheidet sich von der zahmeren Regenbogenforelle, die heute, schon auf Portionsgröße gezüchtet, fast immer dem Zementbecken einer Fischzüchterei entstammt und nie über eine Stromschnelle gesprungen ist. Die Bachforelle ist mit großen roten und schwarzen Punkten gezeichnet, die Seiten der Regenbogenforelle dagegen schimmern rötlich-violett mit kleinen schwarzen Punkten.

Als Speisefisch erfreuen sich beide Arten gleich großer Beliebtheit. Sicherlich ist die „Größe“ der Forelle meistens relativ bescheiden, und sie schmeckt am besten, wenn sie nicht viel mehr wiegt als 250 g. Der Angler freut sich jedoch sicherlich, wenn er eine große Forelle überlistet hat. Diese großen Forellen können im ganzen oder in Stücken verwendet werden, vorbereitet werden sie wie auf Seite 18 beschrieben. Kleine Forellen können rund gelegt werden, durch Schwanzende und Maul steckt man ein Holzspießchen und befestigt es mit Fäden. Die Rezepte für Forellenschnitten eignen sich auch für kleine ganze Forellen.

Zur Zubereitung von *Bachsaibling* eignen sich alle Forellenrezepte.

Forellen blau *2–4 Forellen, 1 l Wasser, 1 Tasse Essig, 1 Eßl. Salz.*

In einem passenden Topf, besser noch in einer Fischpfanne, das Wasser mit Essig und Salz zum Kochen bringen. Die vorbereiteten Forellen hineinlegen und (je nach Größe!) 10 bis 20 Minuten ziehen lassen. Dazu frische Salzkartoffeln, Butter und Kopfsalat. Besseres ist kaum denkbar!

Dies ist eigentlich die klassische Art, Forellen zuzubereiten, und es ist erwiesen, daß dieses Gericht sogar ein ernsthaftes Weghindernis darstellen kann für den Autostrom nimmermüder Italienfahrer auf schweizerischen Paßstraßen. Dort nämlich stellen listige Gastwirte für den reisenden Gourmet ein Schild an den Wegrand mit der Aufschrift „Truits!“ („Forellen“ franz.). Der Magen – und auch der Wagen – vollführen einen freudigen Hüpfer, ausgelöst durch einen Reflex, der den Fuß vom Gaspedal auf die Bremse überwechseln läßt.

Meist findet der Reisende in der Mitte der Speiselokale ein Becken mit springlebendigen Forellen vor, die, vor seinen Augen herausgenommen und zur Küche getragen, bald darauf in der langen kupfernen Fischpfanne wieder an seinem Tisch erscheinen. Dazu, serviert auf kleiner Flamme, die Kasserolle mit zerlassener Butter und, sofern es Mai ist, junge Frühkartoffeln.

Der Süden ist vergessen!

Forellen blau, mit Sardellen-Schaumsauce

2–4 Forellen, 1 l Wasser, 1 Tasse Essig, 1 Eßl. Salz, 1 Ei, 1 Teel. Speisestärke, knapp ¼ l Fischsud, 65 g Butter, 1 Sardelle.

Wasser, Essig und Salz aufkochen, die vorbereiteten Forellen hineinlegen und je nach Größe 10 bis 20 Minuten ziehen lassen. Inzwischen für die Sauce die Sardelle filieren und recht fein hacken. Die Butter schmelzen, langsam aufkochen und den Schaum abschöpfen. Das Ei mit der Speisestärke verrühren, ¼ l Fischsud hinzufügen und diese Sauce auf kochendem Wasserbad mit dem Schneeschläger abschlagen, bis sie dicklich wird, dann die Butter langsam hinzufügen und zuletzt die feingehackte Sardelle unterheben. Die Sauce abschmecken und sofort mit den Forellen und Salzkartoffeln zu Tisch bringen.

Das aktuelle Werbewort unserer Nahrungsmittelindustrie – „Eßt mehr Fisch“ – wäre im Jahre 1579 auf tiefe Verständnislosigkeit gestoßen. Der Ritter Hans von Schweinichen notierte sich bei der Hochzeit eines böhmischen Edelmannes nach Rückfrage in der Küche den Fischverzehr der geladenen Gäste:

6000 Forellen, 117 Lachspasteten, 470 große Hechte, 1374 Haupthechte, 15 000 Karpfen, 5 Tonnen Austern und 800 Aale.

Noch mehr Fisch?

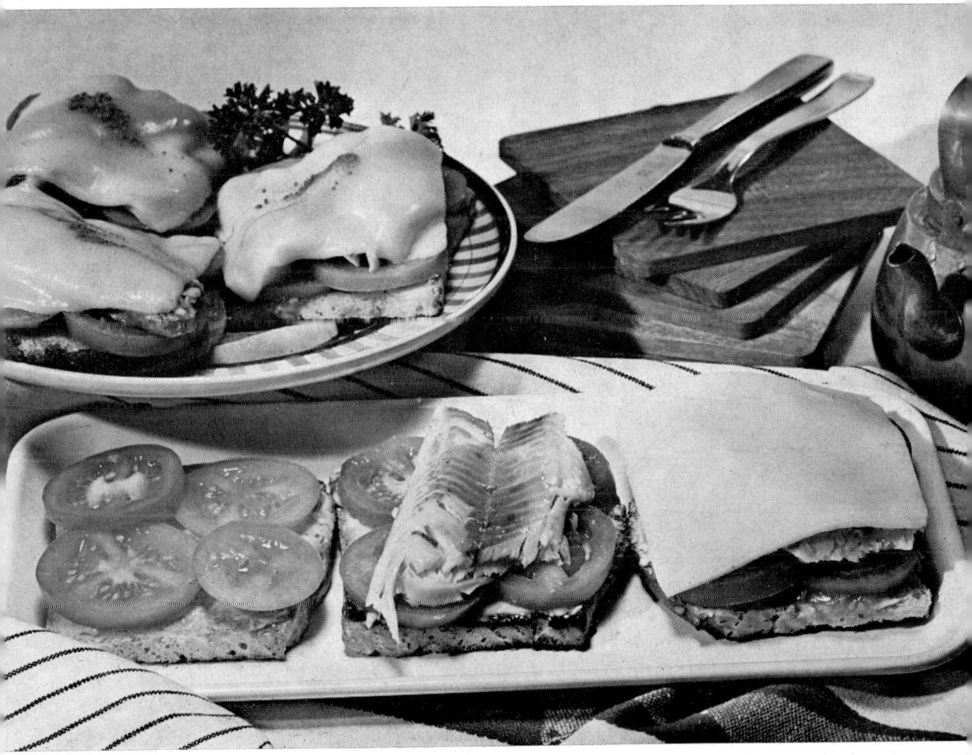

Forellenschnitten in Rotwein. Rezept Seite 59
Maränenschnitten, überbacken. Rezept Seite 95 (Photos: E. Rickwardt)

Forellen in Schaumwein

2–4 Forellen, ½ l Wasser, ½ Zitrone, 1–2 Eßl. Salz, 1 Teel. Pfefferkörner, 1 Schalotte, 1 Flasche Schaumwein, 1 Eigelb, 1 Teel. Speisestärke, evtl. 2–3 Eßl. gehackten Dill.

Die Zitrone in Scheiben schneiden, mit Salz, Pfefferkörnern und der ganzen geschälten Schalotte im Wasser aufkochen. Danach Zitronenscheiben und Schalotte herausnehmen und den Schaumwein zugießen. Wenn der Sud wieder kocht, die Forellen einlegen und 10 bis 20 Minuten ziehen lassen. Eigelb mit Speisestärke und etwas Wasser verrühren. Die Forellen auf einer Platte anrichten und warmhalten. Den Sud einkochen und mit der angerührten Speisestärke binden. Diese Sauce nach Belieben mit feingehacktem Dill abschmecken und zu den Forellen und Kartoffeln servieren.

Forellen gedünstet

2–4 Forellen, 1–2 Zitronen, Salz, 1–2 Mohrrüben, 1 Zwiebel, 50 g Butter, Alufolie.

Die vorbereiteten Forellen von innen salzen und mit Zitronensaft beträufeln. Die Mohrrüben und Zwiebeln in Scheiben schneiden. Die Alufolie in passender Größe zu den Forellen schneiden und mit Butter bestreichen. Je 1 Forelle auf die vorbereitete Folie stellen, dazu jeweils Mohrrüben- und Zwiebelscheiben legen und die restliche Butter in Flöckchen darauf verteilen. Die Folie über den Forellen zusammenfalten. In die Grillpfanne etwas Wasser gießen, den Grillrost mit den eingepackten Forellen darauflegen und im vorgeheizten Backofen etwa 20 Minuten dünsten oder mit den Kartoffeln im Kartoffeldämpfer oder im Schnellkochtopf garen. Die Forellen mit Kartoffeln und Kopfsalat servieren.

Gebratene Forellen *2–4 Forellen, Salz, 100 g Mehl, 150 g Butter.*

Die vorbereiteten Forellen salzen und in Mehl wenden. Die Butter in einer Pfanne erhitzen, die Fische hineinlegen und von jeder Seite etwa 5 Minuten braten oder im Haushaltsfritiergerät bei 170° 8 Minuten fritieren. Dazu empfohlen: Kartoffelsalat.

Und noch eines: Gebratene Forellen können auch einen Tag aufbewahrt und dann kalt gegessen werden.

Gefüllte Forellen *2–4 Forellen, Salz, 1–2 Zitronen, 2–4 Bund Petersilie, 2 Eßl. Semmelmehl, 50 g Butter, Bratfolie.*

Die vorbereiteten Forellen von innen salzen und mit Zitronensaft beträufeln. Die Petersilie hacken und je 1 Eßl. und etwas Butter in jede Forelle füllen. Die restliche Petersilie mit dem Semmelmehl vermischen, die Forellen darin wenden und in die Bratfolie legen. Die Folienbeutel gut verschließen, mehrmals mit der Gabel einstechen, dann die Forellen im Backofen je nach Größe 20 bis 30 Minuten garen. Zu diesem Gericht Schwenkkartoffeln und Kopfsalat auf den Tisch bringen.

Gefüllte Forellen in Weißwein *2 Forellen, Salz, 1 Dose Pfifferlinge, ½ Eßl. gehackte Petersilie, ¼ l Weißwein, ¼ l Pilzbrühe, 1 Teel. Salz.*

Die vorbereiteten Forellen von innen salzen. Die Pfifferlinge zum Abtropfen auf ein Sieb geben, 2 Eßl. davon abnehmen und kleinhacken. Diese Pfifferlinge mit gehackter Petersilie vermischen, leicht salzen und in die vorbereiteten Forellen füllen. Die Forellen in den gewässerten Römertopf legen, Weißwein und Pilzbrühe darübergießen, den Topf schließen und 40 Minuten bei 200° garen. Unterdessen die restlichen Pfifferlinge erwärmen, in Butter schwenken und die Forellen mit den Pfifferlingen, Salzkartoffeln, Butter oder Weißweinsauce servieren.

Geräucherte Forellen *2–4 Forellen, 1 l Wasser, 2–3 Eßl. Salz, 1 Teel. Fischgewürz.*

Aus Wasser, Salz und Fischgewürz einen kräftigen Sud kochen und wieder abkühlen lassen. In den kalten Sud die frischgeschlachteten Forellen ca. 10 Stunden einlegen, dann aufhängen und abtupfen. Den jeweiligen Räucherofen nach Anleitung vorbereiten und die Forellen je nach Größe 30 bis 60 Minuten bei 160 – 200° räuchern.

Die Forellen warm oder kalt mit Kartoffeln oder Brot und Salaten servieren.

Forellen auf dem Holzkohlengrill

2–4 Forellen, Salz, Pfeffer, Origano, 1–2 Bund Petersilie, 60–80 g Butter.

Die vorbereiteten Forellen kräftig mit Salz, Pfeffer und Origano würzen, mit Butter bestreichen, mit gehackter Petersilie füllen und mit einer Grillzange über der Holzkohlenglut je nach Größe 30 bis 40 Minuten garen, zwischendurch mit Butter bestreichen. Als Beilage eignen sich Kartoffeln und Kräuterbutter.

Forellenschnitten in Wein und mancherlei Gemüse . . .

Forellenschnitten in Weißwein

1 große Forelle, 30 g Butter, 1–2 Schalotten, 125 g Champignons, Salz, Pfeffer, ½ l Weißwein, 1 Teel. Speisestärke, evtl. Zitronensaft.

Die vorbereitete Forelle in Stücke schneiden und salzen. Die Schalotten fein würfeln, die Champignons putzen, gut waschen und in Scheiben schneiden. Die Butter schmelzen, die Schalottenwürfel und Champignonscheiben hinzufügen, 5 bis 10 Minuten dünsten, den Weißwein dazugießen und den Sud mit Salz und Pfeffer kräftig abschmecken. Die Forellenstücke in diesen Sud legen und im geschlossenen Topf ca. 20 Minuten dünsten. Die Forellenstücke auf einer Platte anrichten, den Sud mit angerührter Speisestärke andicken, evtl. mit Zitronensaft abschmecken und über die Forellenstücke gießen. Zu diesem Gericht Kartoffeln servieren.

Forellenschnitten in Rotwein

1 große Forelle, 1 gestr. Teel. Salz, Pfeffer, 100 g Butter, ¼ l Rotwein, 100 g Walnußkerne.

Die vorbereitete Forelle in Stücke schneiden und mit Salz und Pfeffer würzen. Diese Stücke von jeder Seite 2 Minuten in Butter anbraten und herausnehmen. Diesen Bratensatz mit Rotwein aufgießen und mit Salz abschmecken. Die angebratenen Forellenstücke in den Rotweinsud legen, gehackte Walnußkerne darüberstreuen und zugedeckt etwa 15 Minuten dünsten. Mit Portionsforellen ist das Gericht noch feiner.

Als Beilage eignen sich Pommes frites.

Forellenschnitten mit pikanter Tomatensauce

1 große Forelle, Salz, Pfeffer, 1 Zitrone, 2 Eßl. Öl, 4 Eßl. Mehl, 1 Ei, 4 Eßl. Parmesankäse, 4 Eßl. gehackte Petersilie, 4 Eßl. Semmelmehl, 125 g Butter.
1 Bund Suppenkraut, 50 g Butter, 1 Dose Tomatenmark, 1 gestr. Teel. Salz, Zucker, Majoran, Thymian, ca. ¼ l Wasser.

Die vorbereitete Forelle in Stücke schneiden und mit einer Beize aus Zitronensaft, Salz, Pfeffer und Öl begießen und etwa eine Stunde stehen lassen. Parmesankäse, Petersilie und Semmelmehl vermischen. Die Forellenschnitten zuerst in Mehl, dann in verschlagenem Ei, zuletzt in der Käsemischung wenden. Dann die panierten Schnitten von jeder Seite etwa 5 Minuten in Butter braten.

Für die Tomatensauce das geputzte Suppenkraut recht fein schneiden und in Butter dünsten. Tomatenmark, Salz, etwas Zucker, Majoran und Thymian hinzufügen und unter wiederholtem Zugießen von etwas Wasser 1 Stunde bei schwacher Hitze schmoren lassen. Diese Sauce und Reis zu den gebratenen Forellenschnitten servieren.

Forellenschnitten mit Tomaten

1 große Forelle, Salz, 100 g Butter, 2 Tomaten, 1 Dose Pfifferlinge, 20 g Butter (Flöckchen).

Die gut vorbereitete Forelle in Stücke schneiden, salzen und von jeder Seite 2 Minuten in Butter braten. Inzwischen die Tomaten in Scheiben schneiden und die Pfifferlinge abgießen. Die angebratenen Forellenstücke mit den Tomatenscheiben und den Pfifferlingen in eine Pfanne schichten und zugedeckt etwa 15 Minuten dünsten.

Dazu eine Variante: Statt dessen alles in den gewässerten Römertopf schichten und mit Butterflöckchen belegen. Den Topf schließen und bei 200° 40 Minuten schmoren lassen.

Forellen mit Tomatenmayonnaise

2–4 Forellen, 1 l Wasser, 1 Tasse Essig, 1 Eßl. Salz, 125 g Mayonnaise, 2–3 Teel. Tomatenmark, 2–3 Eßl. Dosenmilch, Zitronensaft, Salz, Zucker.

Wasser mit Essig und Salz aufkochen und die Forellen hineinlegen, 10 bis 20 Minuten ziehen lassen und dann im Fischsud abkühlen lassen. Die Mayonnaise mit Tomatenmark verrühren, mit Dosenmilch verdünnen und mit Salz, Zucker und Zitronensaft recht pikant abschmecken! Die Forellen auf einer Porzellanplatte anrichten, die Tomatenmayonnaise so über die Fische gießen, daß sie nur teilweise bedeckt sind und die Platte mit hartgekochtem Ei, Tomatenvierteln und Petersilie garnieren.

Weißbrot oder Toast bereitstellen.

Forellen auf Orangenschnitten

Forellenreste, 2 Eßl. Mayonnaise, Saft einer Orange, Salz, Zucker, 4 Scheiben Weißbrot, etwas Butter, 1 Orange, Petersilie.

Von den Forellenresten Haut und Gräten entfernen und in passende Stücke zu den Brotscheiben teilen. Die Mayonnaise mit Orangensaft verrühren und mit Salz und Zucker abschmecken. Die Weißbrotscheiben mit Butter bestreichen. Die geschälte Orange in Scheiben schneiden und auf jede Brotschnitte eine Scheibe legen. Die Forellenstücke schräg darüberlegen und zuletzt die Orangenmayonnaise über die Fischstücke gießen. Die Schnitten mit Orangenstücken und Petersilie verzieren.

Karpfen

Der Karpfen, ob Wildkarpfen, Schuppen- oder Spiegelkarpfen, ist der Fisch festlicher Anlässe, aber auch außerhalb von Feiertagen oft begehrt. Hier der Steckbrief des stets Gesuchten: Er lebt in Teichen, Seen und Flüssen, ein Fettfisch und ein Phlegmatiker, der ein würdiges Alter erreichen kann. Der Karpfen ist heute keine Rarität wie einst, er wird in großen Karpfenteichen gezüchtet und sorgsam gefüttert.

Ludwig XIV. zum Beispiel, der zahlreiche Hofämter zu vergeben hatte, beschäftigte auch einen Aufseher der Karpfenteiche, einen Herrn adligen Geblüts, der mit diesem Amt – die königliche Tafel mit Karpfen zu versorgen – Titel und Uniform eines Großadmirals verbinden durfte.

Karpfen wird wie auf Seite 18 beschrieben vorbereitet. Nur, wenn man ihn backen will, muß er zuvor geschuppt werden. Das Entfernen der Kiemen sollte vorsichtig geschehen, damit die „Bäckchen", eine winzige Extradelikatesse, nicht mit herausgerissen werden. Wird er in Stücken bereitet, muß man ihn der Länge nach in zwei Teile, dann in beliebig breite Stücke schneiden.

Karpfen blau

1 Karpfen (1500–2000 g), 1 Tasse Essig, 3–4 gehäufte Eßl. Salz, Wasser nach Bedarf, Suppenkraut, Zwiebeln, Gewürze nach Belieben.

Die Karpfenstücke mit heißem Essig übergießen, in kochendes Salzwasser geben und etwa 20 Minuten gar ziehen lassen. Für 500 g Karpfen 1 gehäuften Eßlöffel Salz und soviel Wasser nehmen, daß der Karpfen bedeckt ist. Nach einer anderen Geschmacksrichtung wird zuvor ein Sud mit Suppenkraut oder Gewürzen und 1 Zwiebel gekocht.

Als Beigabe Salzkartoffeln, Butter und Meerrettichsahne reichen.

Karpfen auf der Platte

1 Karpfen (1500–2000 g), Salz, ¼ l Essig, 3 Eßl. Butter, 2 Kartoffeln.

Den vorbereiteten Karpfen von innen salzen und mit ⅛ l heißem Essig übergießen.

Eine Porzellanplatte mit Butter bestreichen und den Karpfen daraufstellen. Damit er besser steht, in die Bauchhöhle 2 rohe, geschälte Kartoffeln legen.

Danach den Karpfen vorsichtig mit etwas Butter bestreichen, auf die Platte noch eine Tasse mit dem restlichen Essig stellen und die Platte in den kalten Backofen schieben. Den Karpfen 20 bis 30 Minuten garen, dabei ab und zu mit Butter übergießen.

Zu dem Karpfen Salzkartoffeln und Meerrettichsahne servieren.

Gefüllter Karpfen

1 Karpfen (1500–2000 g), 20 g Butter, 1 Zwiebel, 1 Dose Champignons (150 g Einwaage), 2 Eßl. Mehl, etwas Wasser, etwas Salz, 1 l Wasser, 1 Bund Suppenkraut, 1 Zwiebel, 1½ Eßl. Salz, ½ l Weißwein.

Die Karpfenmilch für die Füllung aufbewahren. Die Zwiebel recht fein würfeln, die Champignons in Scheiben schneiden. Die Zwiebelwürfel in der Butter andünsten, die Champignonscheiben und die Karpfenmilch dazugeben, gut durchdünsten, Mehl darüberstreuen und mit wenig Flüssigkeit aufgießen. Diese Masse mit Salz abschmecken, in den vorbereiteten Karpfen füllen und mit Holzstäbchen zustecken. Inzwischen aus Wasser, gut gesäubertem Suppenkraut, Zwiebel und Salz einen kräftigen Sud kochen und den Wein hinzugießen. Sobald die Flüssigkeit wieder kocht, den gefüllten Karpfen hineinlegen und ca. 20 Minuten gar ziehen lassen.

Den Karpfen mit einer Gemüseplatte und Kartoffeln servieren.

Gefüllter Karpfen gebraten

1 Karpfen (1500–2000 g), Salz, Essig, 1 Bratwurst, 1 Brötchen, 1 Bund Petersilie, 1 Ei, 3–4 Eßl. Semmelmehl, 200 g Butter.

Den vorbereiteten Karpfen salzen und mit Essig übergießen. Das Brötchen in Wasser einweichen, das Wasser später ausdrücken und die Bratwurstfüllung mit dem Brötchen, der gehackten Petersilie und dem Eigelb verarbeiten. Diese Masse in den Karpfen füllen und den Karpfen anschließend zuerst in Eiweiß, dann in Semmelmehl wenden und mit flüssiger Butter in eine Pfanne legen. Den Backofen inzwischen gut vorheizen, den Karpfen hineinschieben und unter öfterem Begießen mit der flüssigen Butter in ca. 40 Minuten schön knusprig braun braten oder im Grill garen, dabei nach 20 Minuten den Karpfen wenden.

Als Beilage sei Kartoffelsalat empfohlen.

Gespickter Karpfen

1 Karpfen (1500–2000 g), Salz, Essig, 250 g Schinkenspeck, Schale von 1 Zitrone.

Den vorbereiteten Karpfen von innen salzen und mit heißem Essig übergießen. Von dem Schinkenspeck den fetten Teil in Scheiben, den mageren Teil in Würfel schneiden. Die Speckwürfel in den Karpfen füllen, die Speckscheiben auf den Fischrücken und darüber die Zitronenschalen legen. Den Karpfen in einen Bratfolienschlauch stellen, gut verschließen, mit der Gabel einstechen und im Backofen bei 220° ca. 40 Minuten dünsten. Mit Salzkartoffeln und Kopfsalat zu Tisch bringen.

Karpfen in Rotwein

1 Karpfen (1500–2000 g), 30 g Butter, ½ Zwiebel, ½ l Rotwein, 1 Eßl. Salz, 2 Eßl. Butter, 2 Eßl. Mehl, ¼ l Flüssigkeit (Fischsud, Champignonbrühe, Dosenmilch), 1 Dose Champignons, 1 Eßl. Zucker, 100 g Krabbenfleisch.

Feingeschnittene Zwiebel in der Butter andünsten, den Rotwein zugießen und salzen. Sobald der Rotwein kocht, den vorbereiteten Karpfen hineinlegen und 15 bis 20 Minuten gar ziehen lassen. Aus Butter und Mehl eine mittelbraune Mehlschwitze bereiten, mit Fischsud, Champignonbrühe und etwas Dosenmilch auffüllen und mit dem Zucker abschmecken. Champignons und Krabbenfleisch zu der Sauce geben, und den Karpfen mit der Sauce und Kartoffeln anrichten.

Karpfen in Rotwein. Rezept Seite 64
Gefüllter Hecht in Weißwein. Rezept Seite 31 (Photos: E. Rickwardt)

Kalter Karpfen

1 Karpfen (1500–2000 g), 1 l Wasser, 1 Bund Suppenkraut, 1 Zwiebel, 1½ Eßl. Salz, ½ l Weißwein, 1 Päckchen Pulvergelatine, Zitronenscheiben, Kapern, gehackte Petersilie.

Das Suppenkraut, geputzt und gewaschen, mit der Zwiebel im Wasser gar kochen. Danach das gare Gemüse aus dem Sud nehmen, Salz und Weißwein hinzugeben. Sobald der Sud wieder kocht, den vorbereiteten Karpfen hineinlegen, etwa 20 Minuten gar ziehen und anschließend im Fischsud erkalten lassen. Den kalten Karpfen auf eine Platte stellen. Danach aus einem halben Liter Fischsud und der Gelatine Aspikflüssigkeit herstellen und diese, sobald sie dickflüssig ist, über den Karpfen gießen. Den Karpfen mit gehackter Petersilie überstreuen und mit Zitronenscheiben und Kapern anrichten. Toast, Spargelsalat und Russische Eier vervollständigen dieses festliche Essen.

Gedünsteter Karpfen

1 Karpfen (1000–1500 g), 3 Tomaten, 1 Paprikaschote, 1 Zwiebel, 30 g Butter, Salz, Alufolie.

Zu diesem Gericht den Karpfen in Portionsstücken verwenden. Die Tomaten waschen und in Scheiben schneiden. Von der Paprikaschote die Kerne entfernen, die Schote gut auswaschen und in Ringe schneiden. Die Zwiebel recht fein würfeln, in der Butter andünsten, die Paprikaringe und Tomatenscheiben dazugeben und ca. 5 Minuten dünsten. Alufolie den Portionsstücken entsprechend schneiden, mit Butter bestreichen, die gesalzenen Karpfenstücke darauflegen, das gedünstete Gemüse darüber verteilen, die Alufolie zusammenfalten und im Schnellkochtopf 10 Minuten garen. Dann auf einer Platte anrichten und mit Teigwaren servieren.

Schüsselkarpfen

1 Karpfen (1000–1500 g), 1 Teel. Salz, 1 Glas Sardellen, 1 Glas Kapern, ½ Zitrone, 1 Bund Petersilie oder andere Kräuter, 50 g Butter, ⅛ l Weißwein.

Den vorbereiteten Karpfen in Portionsstücke schneiden und salzen. Eine Auflaufform oder einen Topf mit etwas Butter ausstreichen oder den Römertopf wässern, die Karpfenstücke hineinlegen, gehackte Sardellen, gehackte Kräuter und Kapern darüberstreuen. Zitronenscheiben und Butterflöckchen darauflegen und den Weißwein hinzugießen. Dann den Topf zudecken und das Gericht im Backofen 30 bis 40 Minuten dünsten. Als Beilage Kartoffeln reichen.

Fränkischer Backkarpfen

1 Karpfen, Salz, Mehl, Backfett.

Den Karpfen halbieren, mit Salz einreiben, in Mehl wenden und bei 170° im Fritiergerät 8 Minuten fritieren, dabei nach 4 Minuten wenden.

Der Schriftsteller Alexander Dumas, Schöpfer der weltberühmten „Drei Musketiere", war auch ein leidenschaftlicher Koch und Verfasser des „Grand Dictionnaire de Cuisine" des „Lexikon der Küche". Er liebte vor allem Fisch und Geflügel. Eines Tages überfiel ihn der unwiderstehliche Appetit auf ein Hähnchen – leider in der Fastenzeit.

Nachdem er lange der Versuchung widerstanden hatte, stellte er sich vor das Hähnchen und sprach, bevor er es schlachtete, mit leiser, feierlicher Stimme: „Ego te beptico carpam . . . !" „Ich taufe Dich Karpfen!"

Polnischer Karpfen

1 Karpfen (1000–1500 g), 1–2 Eßl. Salz, 30 g Butter, 1 Zwiebel, 1 Bund Suppenkraut, 1 Tasse Wasser, ½ Zitrone, 1 Lorbeerblatt, 3 Nelken, ½ Teel. Pfefferkörner, ½ Teel. Wacholderbeeren, Karpfenblut, 1 Flasche Malzbier, 75 g Spekulatius, 20 g Mandeln, 20 g Rosinen, etwas Zucker.

Den vorbereiteten Karpfen in Stücke schneiden und salzen. Das gut gesäuberte Suppenkraut und die Zwiebel feinwürfeln, in der Butter weichdünsten und mit dem Wasser aufgießen. Die Gewürze, die in Scheiben geschnittene Zitrone, das Karpfenblut und das Malzbier hinzufügen und, sobald dieser Sud kocht, die Karpfenstücke hineinlegen und 15 bis 20 Minuten gar ziehen lassen. Die Mandeln abziehen und in Streifen schneiden, die Rosinen waschen, den Spekulatius zerbröckeln. Diese Zutaten zu dem Karpfen geben und zuletzt die Sauce mit etwas Zucker abschmecken. Dazu gibt es Kartoffelklöße und Sauerkraut.

Karpfen mit Braunbier und Backwerk war in Polen, Schlesien und in den Sudeten in vielen Variationen verbreitet, das traditionelle Essen am Heiligen Abend und auch als „böhmischer Karpfen" bekannt. Man verwandte auch Nüsse dazu und Lebkuchen. Feinschmecker bezogen letzteren eigens aus Eger, wo er Spezialität war.

Karpfenreste – Nachgeschmack der großen Gaumenfeste . . .

Karpfen in Aspik

Karpfenreste, 1 l Fischsud, 2 Päckchen Pulvergelatine, Essig, Salz, Zucker.
Zur Verzierung: Zitronenscheiben, Sardellenringe, Mohrrüben- und Gurkenscheiben u. ä.

Pulvergelatine im heißen Fischsud auflösen und diese Aspikflüssigkeit mit Salz, Zucker und Essig pikant abschmecken. In den gewünschten Formen einen Aspikspiegel mit einem Muster aus Sardellenringen, Zitronen-, Mohrrüben- oder Gurkenscheiben vorbereiten (wie angegeben unter „Auch das sollten Sie wissen“ S. 24). Inzwischen von den Karpfenresten Haut und Gräten entfernen. Die Karpfenstücke auf den Aspik-Spiegel legen und mit der Aspikflüssigkeit aufgießen. Karpfen in Aspik zu Röstkartoffeln und grünem Salat servieren.

Überbackene Karpfenschnitten

Karpfenreste, 4 Scheiben Weißbrot, 40 g Butter, 1–2 mürbe Äpfel, 1 Eßl. Butter, 1 Eßl. Mehl, 1/8 l Fischsud, 1/8 l Milch, geriebenen Meerrettich, Salz.

Die Weißbrotscheiben toasten und mit Butter bestreichen. Von den Karpfenresten Haut und Gräten entfernen und die Karpfenstücke auf die Brotscheiben legen. Die Äpfel schälen, in feine Scheiben schneiden oder auf einer Rohkostreibe zerkleinern. Diese Apfelstückchen auf dem Karpfenfleisch verteilen und über jede so vorbereitete Schnitte eine dicke Meerrettichsauce gießen, die aus Butter, Mehl und der angegebenen Flüssigkeit hergestellt und mit Salz und Meerrettich pikant abgeschmeckt wird. Diese Schnitten im vorgeheizten Backofen 15 bis 20 Minuten überbacken.

Brotaufstrich aus Karpfenmilch

100 g Karpfenmilch, 1 Brötchen, 1 Eigelb, 1 Teel. Salz, 1/8 l Öl, Zitronensaft.

Die Karpfenmilch im Fischsud garen und dann durch ein Sieb streichen. Das Brötchen in Wasser einweichen, später ausdrücken und ebenfalls durch ein Sieb passieren. Das Eigelb mit etwas Salz verrühren und unter ständigem Rühren das Öl und die durchgestrichene Karpfenmilch sowie das Brötchen hinzugeben. Diese Masse recht cremig schlagen und mit Salz und Zitronensaft abschmecken. Diesen Aufstrich auf Toast servieren.

Ein Tip am Rande

Alle bisher und in diesem Buch weiterhin angesprochenen Fische lassen sich vorzüglich räuchern. Zander-, Hecht- und Karpfenkarbonaden werden dazu entweder auf den Räucherrost gelegt oder in einen feinen Netzbeutel gehängt, und sie sind nach ca. 10 bis 25 Minuten wunderbar gegart und herrlich gefärbt. Es lohnt sich wirklich, dem Räucherfisch für Haushalt und Party ein wenig mehr Aufmerksamkeit zu schenken.

Schleie

„Stille Wasser sind tief" – der alte Spruch unserer noch naturnäheren Vorväter bezieht sich weniger auf die Schleie, einer etwas im Schatten lebenden Verwandten des berühmten Karpfen, sondern mehr auf ihre Heimat. Die Schleie liebt Teiche, Moore und stille Seen, auf deren weichem, schlammigem Grund sie sich ihre Nahrung sucht. An heißen Tagen wagt sie sich in dichtes Schilf und Krautbetten.

Als Speisefisch wird sie vorwiegend als Portionsfisch verwendet, aber auch große Menü-Schleien, im ganzen oder in Stücken verarbeitet, sind sehr geschätzt. Auch Schleien werden vorbereitet, wie auf Seite 18 beschrieben. Nur wenn sie gebraten werden, empfiehlt es sich, sie zu schuppen. Das geht am schnellsten, wenn man sie zuvor mit kochendem Wasser übergießt.

Schleie blau

4 Schleien, ¼ l Essig, 1 l Wasser, 1 Eßl. Salz.

Die vorbereiteten Schleien mit heißem Essig übergießen. Das Wasser mit dem Salz aufkochen, die Fische hineinlegen und im geschlossenen Topf 20 Minuten gar ziehen lassen. Schleien mit Butter, Salzkartoffeln und Kopfsalat servieren.

Schleiefilet in Weingelee

2 Schleien, ⅛ l Wasser, 3 Zitronenscheiben, 1 Eßl. Salz, ¼ l Weißwein, ½ Päckchen Pulvergelatine, 100g Mayonnaise, Kaviar, Kapern, Zitronenscheiben, 1 Tomate.

Das Wasser mit den Zitronenscheiben und dem Salz aufkochen, die Zitronenscheiben herausnehmen, den Weißwein hinzufügen und, sobald der Sud kocht, die vorbereiteten Schleien hineinlegen und 20 Minuten leicht kochen lassen. Die Schleien abkühlen lassen, dann die Haut abziehen und die Filets auf eine Platte legen. Inzwischen die Gelatine in ¼ l heißem Fischsud lösen, abkühlen lassen und die Fischfilets mit dieser Aspikflüssigkeit überziehen. Die Filets zuletzt mit Mayonnaise, Kaviar, Kapern, Tomatenstreifen und Zitronenscheiben verzieren. Weißbrot dazu bereitstellen.

Gefüllte Schleie

4 Schleien, 1 Dose Champignons, 1 Bund Petersilie, 1–2 Eßl. Semmelmehl, 1 Zitrone, 1–2 Eßl. Salz, ½ l Weißwein.

Die Champignons recht feinschneiden, die Petersilie hacken und miteinander vermischen. Zu dieser Masse Semmelmehl und etwas Salz geben, abschmecken und in die vorbereiteten Schleien füllen. Den Champignonsaft mit Salz und Zitronensaft erhitzen, den Weißwein dazugießen und, sobald dieser Sud kocht, die gefüllten Schleien hineinlegen. Die Schleien ca. 15 bis 20 Minuten leicht kochen lassen, dann auf einer Platte anrichten und mit Butter, Salzkartoffeln und Kopfsalat zu Tisch bringen.

Schleie in Alufolie gedünstet

4 Schleien, Salz, Essig, 1 große Mohrrübe, 1 Zwiebel, Petersilie, 40 g Butter, Alufolie.

Die vorbereiteten Schleien innen salzen und mit heißem Essig übergießen. Die geputzte Mohrrübe auf einer Rohkostreibe reiben, die Zwiebel fein würfeln, die Petersilie fein hacken, dann alles miteinander mischen und in die Schleien füllen. Alufolie passend zur Größe der Schleien schneiden und mit Butter bestreichen. Je eine Schleie auf ein Stück Folie stellen, dann mit der restlichen Butter bestreichen und zuletzt die Folie über den Schleien fest zusammenfalten. Diese Päckchen auf den Grillrost stellen, in die Pfanne etwas Wasser geben und je nach Größe in 25 bis 50 Minuten gar dünsten oder im Schnellkochtopf je nach Größe 15 bis 20 Minuten garen. Die Schleien mit Schwenkkartoffeln anbieten.

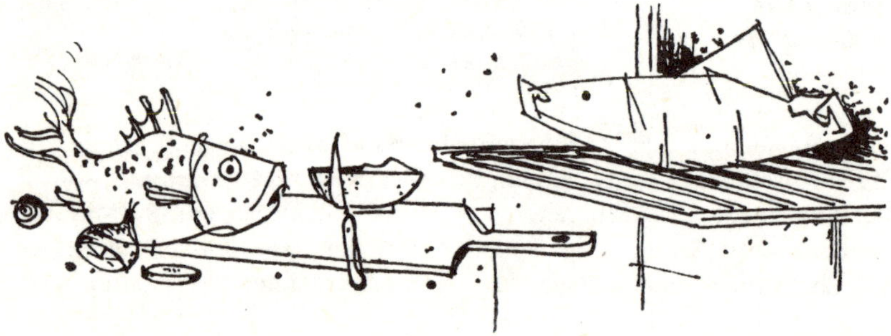

Bekanntlich war Rossini auch ein leidenschaftlicher Koch, der die Musik vergaß, wenn er neue Gerichte komponierte. Natürlich liebte er Fische und Muscheltiere und bereitete sich einmal sogar sizilianische Schwämme als Speise. Als ihn in Bologna eines Tages Lumley, der Direktor der italienischen Oper in Paris und London, besuchte, verwechselte er diesen mit einem Angler, der ihm einen Fisch bringen sollte. Lumley ging darauf ein und sagte, er wolle Rossini einen neuen Haken zeigen. Dabei entnahm er seiner Brieftasche 100 000 Franken, die er dem Musiker für eine neue Opernpartitur bot. Aber Rossini, ganz in Erwartung der angekündigten Fische, zeigte sich tief enttäuscht – und biß nicht an!

Gefüllte Schleie, übergrillt

4 Schleien, Salz, 5 Bund Petersilie, 2 Eßl. Semmelmehl, 40 g Butter, Alufolie oder Bratfolienbeutel.

Die vorbereiteten Schleien von innen salzen. Die Petersilie hacken, vier Eßlöffel voll abnehmen und mit dem Semmelmehl vermischen. Die restliche Petersilie in die Schleien füllen und je eine Löffelspitze Butter dazugeben. Die gefüllten Schleien in der Petersilien-Semmelmehlmischung wenden. Die Alufolie passend zur Größe der Schleien schneiden und mit Butter bestreichen. Je eine Schleie auf ein Stück Alufolie stellen und die Folie darüber zusammenfalten. Diese Pakete auf den Grillrost legen und ca. 25 Minuten dünsten, dann die Folie öffnen und die Schleien noch 5 Minuten übergrillen. Man kann die Schleien auch in Bratfolienbeuteln bei 220° je nach Größe 30 bis 40 Minuten garen.

Die Schleien mit Schwenkkartoffeln und Kopfsalat servieren.

Gebratene Schleie mit Tomaten

1 große Schleie, Salz, Essig, 2–3 Eßl. Mehl, 1 Ei, 3 Eßl. Semmelmehl, 100 g Butter, 6 Tomaten, 1 Zwiebel, Zucker.

Die Schleie schuppen, in Stücke schneiden, salzen, mit Essig beträufeln und etwas stehen lassen. Die Schleiestücke dann mit Mehl, verschlagenem Ei und Semmelmehl panieren und in Butter ca. 5 Minuten braten. Die Tomaten schälen. In eine gefettete Auflaufform die gebratenen Fischstücke und die Tomaten legen, Zwiebelwürfel, etwas Salz und Zucker darüberstreuen und im Backofen noch ca. 20 Minuten dünsten. Das Gericht mit Kartoffeln servieren.

Schleie auf Speck *2–4 Schleien, 1 Tasse Essig, Salz, 1 Bund Suppenkraut, 250 g durchwachsenen Speck, 3 Eßl. Weißwein, 30 g Butter.*

Die vorbereiteten Schleien von innen salzen und mit heißem Essig übergießen. Speck und das geputzte Suppenkraut würfeln oder in feine Scheiben schneiden und beides im Ofen andünsten. Die Schleien darauflegen, mit Wein übergießen und die Fische mit Butterflöckchen belegen; etwa 30 Minuten im Ofen oder im Grill garen und mit dem Gemüse zu Kartoffeln auftragen.

Schleie gebacken *2–4 Schleien, Salz, Mehl, Backfett.*

Die vorbereiteten Schleien von innen salzen und in Mehl wenden. Das Fett im Fritiergerät auf 170° erhitzen, die Schleien je nach Größe 10 bis 16 Minuten fritieren, zwischendurch umdrehen. Kartoffelsalat und grüne Salate als Beilage servieren.

Zum Abschluß
Früchte für eine Vorspeise

Obstsalat mit Schleie *Schleien-Reste, 2 Scheiben Ananas, ½ Dose Mandarin-Orangen, 1 Apfel, 1 Banane, 1 Zitrone, Salz, Zucker.*

Den Apfel und die Banane schälen. Den Apfel in Streifen, die Banane in Scheiben, die Ananas in Keile schneiden, mit Zitronensaft übergießen und die Mandarin-Orangen untermischen. Von den Fischresten Haut und Gräten entfernen und das Fischfleisch in kleinen Stücken mit dem vorbereiteten Obst vermengen. Den Salat mit Salz und Zucker abschmekken und als Vorspeise mit Weißbrot oder Toast anbieten.

Brassen

Der Brassen – auch Brachsen oder Blei genannt – tummelt sich in Seen und Flüssen, ein silbergrauer Fisch und geselliger Bursche, der meist in größeren Schwärmen auftritt. Daher erbeutet ihn der Angler häufig in größerer Anzahl. Der Brassen hat zwar zahlreiche Gräten, aber das sollte Sie nicht hindern, ihn zu wohlschmeckenden Gerichten zu verarbeiten.

Die Lebern von Meerbrassen waren übrigens eine Spezialität des römischen Schlemmers Vitellius, zu deren Herbeischaffung er keine Kosten scheute. Er sandte eigens Schiffe aus nach Parthien und bis zur Meerenge von Gibraltar, die ihm die begehrte Delikatesse für seine berühmten Gastmähler besorgen mußten. Die Schiffe des Vitellius werden den Seemann sogleich an den Ruf „Alle Mann an die Brassen!" erinnern, mit dem die Mannschaft aber nicht etwa in die Kombüse zum Fischessen, sondern in die Rahen geschickt wird, deren Taue ebenfalls „Brassen" heißen.

Falls Sie Brassen im Topfe haben bzw. hineinbringen wollen, müssen Sie diese erst wie auf Seite 18 beschrieben vorbereiten.

Brassenschnitten in Bier

1 Brassen (1000–1500 g), ¼ l Wasser, 1 Eßl. Salz, 1 kl. Zwiebel, 1 Lorbeerblatt, 1 Teel. Pfefferkörner, 1 Teel. Senfkörner, 5 Wacholderbeeren, 2 Nelken, 1 Flasche Malzbier, ½ Zitrone, 30 g Butter, 50 g Mehl, Fischsud.

Den vorbereiteten Brassen in Portionsstücke schneiden. Das Wasser mit den Gewürzen und dem Salz gut durchkochen, das Bier und den Zitronensaft hinzufügen und, sobald dieser Sud wieder kocht, die Brassenstücke hineinlegen und 10 bis 15 Minuten leicht kochen lassen.

Aus Butter und Mehl eine dunkle Mehlschwitze herstellen, mit Fischsud aufgießen und die Sauce kräftig abschmecken. Die Brassenstücke in der Sauce servieren, Kartoffelklöße oder Kartoffelcroquettes dazu reichen.

Brassenschnitten mit Apfel-Meerrettich

1 Brassen (1000–1500 g), Essig, Salz, 3 Äpfel, 3 Teel. geriebenen Merrettich, 1 Glas Joghurt oder saure Sahne, Salz, Zucker, 1 Eßl. Semmelmehl, 20 g Butter.

Den vorbereiteten Brassen in Portionsstücke schneiden, dann salzen und säuern. Die Äpfel schälen, auf einer Rohkostreibe reiben und mit dem geriebenen Meerrettich vermengen. Die Brassenschnitten schuppenartig in eine gefettete Auflaufform legen und von der Apfelmasse jeweils etwas dazwischenstreichen. Nun Joghurt oder saure Sahne mit Salz und Zucker abschmecken, über die Brassenstücke gießen, etwas Semmelmehl darüberstreuen, Fettflöckchen daraufsetzen und den Fisch 30 bis 40 Minuten im Backofen überbacken; zu Kartoffeln servieren.

Brassen mit Holländischer Sauce überbacken

1000 g Brassen, ½ l Wasser, 4 Eßl. Essig, 2 Teel. Salz, 1 Zwiebel, 2 Nelken, 1 Lorbeerblatt, 3 Wacholderbeeren, 1 Ei, 1 Teel. Speisestärke, ⅛ l Wasser, 80–100 g Butter, 20 g Butter, 20 g Mehl, ¼ l Fischsud, Salz, Zucker, Zitronensaft.

Den vorbereiteten Brassen in Stücke schneiden. Das Wasser mit dem Essig und Gewürzen zum Kochen bringen, die Brassenstücke hineinlegen und 15 Minuten ziehen lassen. Danach Haut und Gräten entfernen und die Stücke in gefettete Förmchen legen.

80 bis 100 g Butter langsam zum Kochen bringen und abschäumen. Das Ei mit etwas Speisestärke verrühren, das Wasser hinzugeben und die Masse bei schwacher Hitze auf der Kochstelle schlagen, bis sie dicklich wird. Dann langsam, unter ständigem Rühren, die ausgelassene Butter hinzufügen.

Aus Butter, Mehl und Fischsud eine helle Mehlschwitze bereiten, gut abschmecken und mit der Buttersauce vermengen. Diese Sauce über die Fischstücke gießen und die Förmchen im Ofen 15 Minuten überbacken. Dieses Gericht eignet sich besonders gut als Vorspeise, kann jedoch auch mit Kartoffeln als Hauptmahlzeit gereicht werden.

Gefüllter Brassen

1 Brassen (1000–1500 g), Salz, 100 g Pfifferlinge, 1 kl. Zwiebel, 30 g Butter, 10 Eßl. Semmelmehl, 2 Eier, 150 g Fischreste, 80 g Butter.

Den vorbereiteten Brassen salzen. Die Pfifferlinge säubern und recht klein schneiden, die Zwiebeln würfeln. Pfifferlinge und Zwiebelwürfel ca. 10 bis 15 Minuten in der Butter dünsten. Inzwischen vorhandene Brassenrogen oder Milch feinschaben, Fischreste oder frischen Fisch zerkleinern oder durch den Fleischwolf geben. Die gedünsteten Pilze mit dem vorbereiteten Fischfleisch, Fischrogen und einem Ei vermischen und soviel Semmelmehl hinzufügen, daß eine hackteigähnliche Masse entsteht. Die Masse mit Salz abschmecken und in den Brassen füllen. Den gefüllten Brassen in verschlagenem Ei wenden, mit dem restlichen Semmelmehl panieren und mit der Butter im Backofen ca. eine Stunde braten. Der gefüllte Brassen kann auch in einem Bratfolienschlauch bei 220° im Ofen gebraten werden. Dazu Kartoffelsalat servieren.

Brassensuppe

1 Brassen (1000–1500 g), 1000 g Kartoffeln, 1½ l Wasser, 1 Bund Suppenkraut, 1 Eßl. Salz, 50 g Butter, Pfeffer, Ingwerpulver.

Den vorbereiteten Brassen in Stücke schneiden. Die Kartoffeln schälen und in Würfel schneiden, das Suppenkraut putzen. Kartoffeln und Suppenkraut in dem Wasser zum Kochen bringen, das Salz und die Brassenstücke hinzufügen und ca. 1 Stunde kochen lassen. Die Suppe durch ein Sieb gießen, die weichen Teile durchpassieren. Die Suppe nach Bedarf mit Wasser auffüllen, wieder erhitzen, die Butter hinzufügen und die Suppe mit Salz, Ingwerpulver und Pfeffer abschmecken.

Die Brassensuppe nach Belieben mit gerösteten Weißbrotwürfeln servieren.

Panierte Brassenschnitten

1 Brassen (1000–1500 g), Salz, Essig, 4–6 Eßl. Mehl, 1 Ei, 4–6 Eßl. Semmelmehl, 100–150 g Butter.

Den vorbereiteten Brassen in Portionsstücke schneiden, salzen und säuern. Die Fischstücke erst in Mehl, dann in Ei, zuletzt in Semmelmehl wenden und in Butter etwa 10 Minuten bei schwacher Hitze braun braten. Zu den Brassenschnitten Erbsengemüse und Salzkartoffeln reichen.

Brassenschnitten in Bierteig

1 Brassen (1000 g), Salz, Essig, 100 g Mehl, 1 Ei, 6 Eßl. Bier, Backfett.

Den vorbereiteten Brassen in Portionsstücke schneiden, säuern und gut salzen. Aus Mehl, Ei und Bier einen dickflüssigen Teig rühren. Die Brassenstücke zuerst in etwas Mehl wenden, dann in den Teig tauchen und im Haushaltsfritiergerät bei 170° 7 bis 8 Minuten fritieren. Als Beilage Kartoffelsalat bereitstellen.

Der Minister und das Sauerkraut . . .

Für das folgende Gericht benötigen wir Sauerkraut, ein nicht mehr so häufiger Gast in unseren Küchen wie einst – als der französische Außenminister Aristide Briand, Vorkämpfer des Europagedankens und Freund Gustav Stresemanns, einmal zu später Stunde im Berliner „Adlon" noch nach Sauerkraut verlangte. Er erregte das Entsetzen der Direktion und des Küchenchefs, die zwar für den hohen ausländischen Gast Austern und Hummer bereithielten – aber Sauerkraut nicht einmal im Hause hatten! Briand, der wie viele seiner Landsleute damals in der Vorstellung lebte, die Deutschen ernährten sich im wesentlichen von Sauerkraut, verließ daraufhin durch eine Hintertür das Hotel – nun zum Entsetzen der zu seinem Schutze abgestellten Sicherheitsbeamten – und bekam endlich in einem billigen Lokal der nahen Friedrichstraße das gewünschte Sauerkrautgericht, das ihm ausgezeichnet schmeckte!

Brassen auf Sauerkraut gedünstet

1 Brassen (1000 g), Essig oder Zitronensaft, Salz, 500 g Sauerkraut, 50 g Schmalz, 2 Äpfel, 1 Zwiebel, 1 Lorbeerblatt, 2 Nelken, 5 Wacholderbeeren, 10 g Butter, etwas Wasser.

Den vorbereiteten Brassen salzen und säuern. Zuerst das Sauerkraut in Schmalz andünsten, die geschälten und in Achtel geschnittenen Äpfel, ferner Zwiebel und Gewürze hinzufügen und garen. Auf das fast gare Sauerkraut den Brassen legen, mit Butter bestreichen und im Ofen 25 bis 30 Minuten dünsten. Kartoffeln eignen sich als Beilage.

Wieder einige Tips am Rande

Auch Brassen lassen sich wie Plötzen und andere kleine Fische vorzüglich zu Fisch-Frikadellen verarbeiten. Hier eine Variante zu Fischhackteigen:

Brassen-Frikadellen

Ca. 10 Brassenfilets, 1 Zitrone, 2 Eier, Paniermehl, ½ Teel. Fischgewürz, 1 Teel. Salz, 100 g Mehl.

Die Filets durch den Fleischwolf drehen, mit Zitronensaft beträufeln und mit Eiern, Mehl, Fischgewürz, Salz und etwas Paniermehl gut durchkneten. Aus dem Teig Frikadellen formen und bei mittlerer Hitze auf beiden Seiten braun braten. Dazu schmeckt am besten Kartoffelpüree.

Außerdem eignen sich Brassen oder auch die Filets oder Stücke anderer Fische gut zum Marinieren. Für einen größeren Fang hier das Rezept:

Brassenfilet süßsauer

Ca. 30 Brassenfilets, Mehl, Fett, 1 l Zitronenessig, 3–5 Lorbeerblätter, 1 Teel. Fischgewürz, 200 g Zucker, ½ l Wasser, 8–10 Zwiebeln in Ringen, 1 Teel. Salz.

Filets in Mehl wenden, bei mittlerer Hitze durchbraten und in eine Keramikschüssel schichten. Wasser, Essig, Zucker und Salz aufkochen, Zwiebelringe und Lorbeerblätter hinzufügen und 10 Minuten ziehen lassen, dann mit Fischgewürz abschmecken.

Die Bratpfanne mit dieser Flüssigkeit ausspülen, die dann, leicht braun gefärbt, über die Filets gegossen wird. Den Fisch gut bedeckt 36 Stunden durchziehen lassen und mit Bratkartoffeln oder Weißbrot servieren.

Weiterhin lassen sich Brassen und andere kleine Fische wie Rotaugen oder Plötzen zu pikanten Salaten verarbeiten.

Vorbereitungen für die nachfolgenden Brassensalate

Filets in beliebiger Menge im Steinkrug wie Salzheringe einlegen und mindestens 4 Wochen in einem kühlen Raum stehen lassen. Auf 1 kg Fischfilet benötigt man 200 g Salz, das zwischen die geschichteten Filets eingestreut wird.

Aus diesem Vorrat kann man schnell Salate für eine größere Personenzahl herstellen. Zum Beispiel:

Brassensalat rot

15 Brassenfilets, 1 l Wasser, 1 l Zitronenessig, 400 g Zucker.
1 Glas (500 g) Rote Beete, 4 Zwiebeln, 500 g Gewürzgurken, 1000 g Salatmayonnaise, 1 Teel. Fischgewürz.

Wasser, Zitronenessig und Zucker mischen, die vorbereiteten Brassenfilets 2 Tage in dem Essigsud wässern, dann abtropfen lassen und in salatgerechte Stücke schneiden. Die Zwiebeln hacken, die Gurken und Roten Beete in Würfel schneiden und mit den Fischen und Fischgewürz mischen, zuletzt die Mayonnaise unterrühren.

Brassensalat weiß

15 Brassenfilets, 1 l Wasser, 1 l Zitronenessig, 400 g Zucker.
1000 g Senfgurken, 2 Äpfel, 2 Zwiebeln, 1 Teel. Fischgewürz, 1 Zitrone, 1000 g Salatmayonnaise.

Die Brassenfilets wie unter Brassensalat rot beschrieben vorbereiten, die Zwiebeln hacken, die Senfgurken und Äpfel in Würfel schneiden und mit Zitronensaft beträufeln. Alle Zutaten miteinander vermischen, mit Fischgewürz abschmecken und zuletzt die Mayonnaise unterrühren.

Brassen-Salat in Öl

15 Brassenfilets, 1 l Wasser, 1 l Zitronenessig, 400 g Zucker.
4 Zwiebeln, 250 g eingel. Tomatenpaprika, 6 Eßl. Salatöl, 1 Prise Pfeffer, 1 Teel. Fischgewürz, 2 Gewürzgurken.

Die Brassenfilets nur 1 Tag im Essigsud wässern, dann abtropfen lassen und in salatgerechte Stücke schneiden. Die Zwiebeln in Ringe, die Gewürzgurken in Würfel schneiden, alle Zutaten miteinander vermischen und abschmecken und zum Schluß das Öl zugeben.

Barsch

Der Barsch liebt ruhiges Wasser und steht gerne hinter Baumwurzeln, Buhnenköpfen und in den Seen an kleinen Seebodenerhebungen, den sogenannten „Barschbergen". Der Barsch ist ein Raubfisch, und sein Appetit zielt auf kleine Fische, Flohkrebse, Insekten und Würmer. Angler wissen dies natürlich und bieten ihm Entsprechendes an. Der Dichter Hermann Löns schrieb einmal: „Wo ein Barsch steht, sind mehrere, und beißt einer, so beißen alle."

Die Feinschmecker wiederum finden sein Fleisch milde und schmackhaft, besonders den Fang vom Frühjahr bis zum Herbst. Häufig wird er als Kleinbarsch gefangen und im ganzen verwertet, aber große Barsche geben noch vorzüglichere Gerichte.

Da sich der Barsch schwer schuppen läßt, wird er meist nur auf dem Bauch geschuppt und danach ausgenommen. Die Schuppen werden besser erst nach dem Kochen abgehoben. Milch, Rogen und Leber sollten mitverwendet werden. Es ist ratsam, Barsche zum Braten folgendermaßen vorzubereiten:

Von jedem Barsch die Rückenflosse abschneiden, danach hinter dem Kopf so einschneiden, daß dieser nur noch an der Haut der Bauchseite hängt. Nun die Haut entlang des Einschnitts und der Rückenflosse lösen und mit dem Kopf möglichst im ganzen abziehen. Dabei werden zugleich auch die Eingeweide herausgezogen (s. vierte Tafel gegenüber S. 24).

Barsch blau

1 Barsch oder 4 Kleinbarsche, 1 Tasse Essig, 1 l Wasser, 1 Eßl. Salz, 1 Teel. Pfefferkörner, 3 Nelken, 1 Lorbeerblatt, 10 g Butter.

Die vorbereiteten Kleinbarsche oder den in Stücke geschnittenen Barsch mit heißem Essig übergießen. Inzwischen das Wasser mit den Gewürzen und der Butter zum Kochen bringen, die Barsche hineinlegen und 15 Minuten gar ziehen lassen. Mit Butter, Salzkartoffeln und Salat servieren.

Barsche in Rotwein

1 Barsch oder 4 Kleinbarsche, 50 g Butter, 1 Zwiebel, 125 g Champignons, ¼ l Rotwein, 1 Eßl. Salz, 1 Teel. Pfefferkörner, evtl. 1 Teel. Speisestärke.

Die Zwiebel schälen und fein würfeln, die Champignons putzen, waschen und in Scheiben schneiden. Die Zwiebelwürfel in der Butter andünsten, die Champignons hinzufügen und ca. 10 Minuten dünsten. Dann den Rotwein dazugießen und mit den Gewürzen kräftig abschmecken. Die vorbereiteten Barsche in eine Auflaufform legen, die Sauce darübergießen und im Backofen etwa 20 Minuten dünsten. Die Sauce nach Belieben zuletzt mit angerührter Speisestärke binden.

Sollen die Barsche im Römertopf gegart werden, die angedünsteten Champignons in den gewässerten Römertopf geben, die vorbereiteten und gut gesalzenen Kleinbarsche darauflegen, Rotwein darübergießen, Pfefferkörner dazugeben und den Topf verschließen. Die Barsche bei 200° 40 bis 45 Minuten dünsten. Zu diesem Gericht passen Reis oder Kartoffelkroketten.

Barsche in Weißwein

4 Kleinbarsche oder 1 Barsch, 1–2 Teel. Salz, ¼ l Weißwein, 1 Dose Champignons, 1 Zitrone, 20 g Butter, 20 g Mehl, ¼ l Fischsud, 1 Eigelb, etwas Sahne.

Die Champignonbrühe mit Salz aufkochen, den Weißwein und den Zitronensaft hinzufügen und abschmecken. Sobald der Sud wieder kocht, die vorbereiteten Barsche hineinlegen und ca. 15 Minuten ziehen lassen. Aus Butter und Mehl eine helle Mehlschwitze herstellen, mit Fischsud aufgießen, mit Eigelb und Sahne verfeinern und die Sauce abschmecken. Die Champignons in Butter erwärmen und mit den Barschen anrichten. Die Platte nach Belieben mit Hummerkrabben verzieren. Die Sauce zu den Barschen servieren, als weitere Beilage Kartoffeln.

Barsche in Alufolie gedünstet

4 Kleinbarsche, Salz, 40 g Butter, 1 Tiefkühlpackung 8-Kräuter-Mischung.

Die vorbereiteten Kleinbarsche gut salzen, dann mit Butter bestreichen und in der aufgetauten 8-Kräuter-Mischung wenden. Alufolie entsprechend der Größe der Barsche schneiden und mit Butter bestreichen. Die Kleinbarsche auf die Folienstücke stellen, die Folie zusammenfalten und mit den Kartoffeln im Kartoffeldämpfer oder im Schnellkochtopf dämpfen. Als Beilage Salzkartoffeln und Salate servieren.

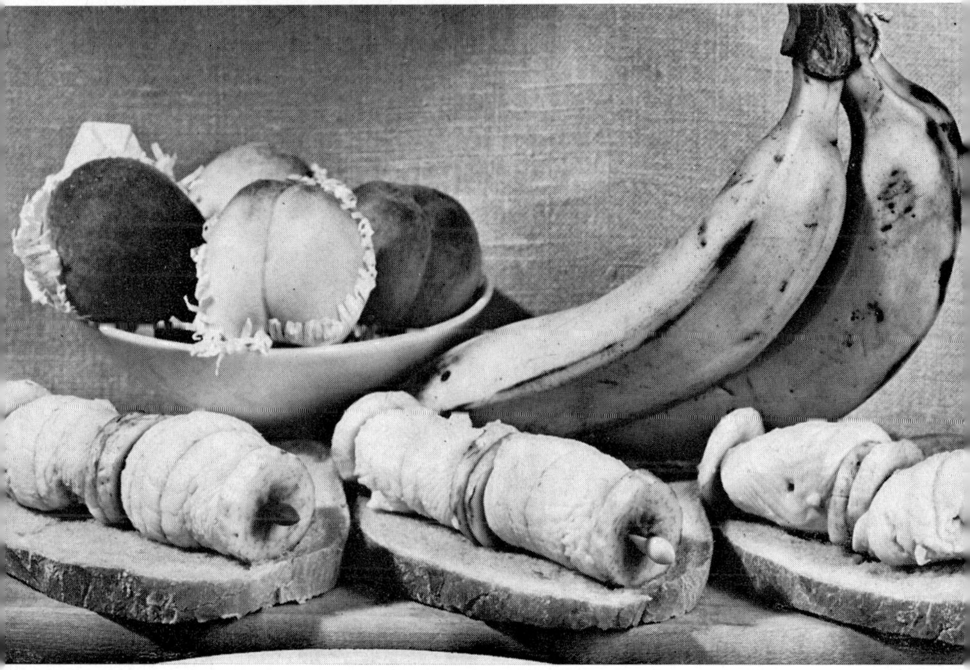

Barsche in Weißwein. Rezept Seite 80
Flambierte Seezungenröllchen. Rezept Seite 157 (Photos: E. Rickwardt)

Panierte Barsche

8–12 Kleinbarsche, Salz, 1 Zitrone, 1 Ei, 1 Eßl. Öl, 3–5 Eßl. gehackte Petersilie, 3–5 Eßl. Semmelmehl, 100–150 g Butter.

Die abgezogenen Barsche waschen, salzen und mit Zitronensaft übergießen. Ei und Öl verrühren, Petersilie mit Semmelmehl vermischen. Die Fische erst in Ei, dann in der Panade wenden und in Butter ausbacken.

Barsche mit Spargel

1 Barsch oder 4 Kleinbarsche, ½ l Wasser, 1 Eßl. Salz, 1 Zitrone, ¼ l Weißwein, 1 Dose Spargel, 1 Ei, 1 Teel. Speisestärke, knapp ¼ l Fischsud, 80 g Butter, etwas Zucker.

Wasser und Salz aufkochen, Zitronensaft und Weißwein hinzufügen und, sobald der Sud wieder kocht, die vorbereiteten Barsche hineinlegen und ca. 15 Minuten gar ziehen lassen. Inzwischen für die Sauce die Butter schmelzen und langsam aufkochen lassen, dann den Schaum abschöpfen. Das Ei mit der Speisestärke verrühren, den Fischsud hinzufügen und auf kochendem Wasserbad mit einem Schneeschläger abschlagen, bis es dicklich wird, dann die Butter langsam dazu rühren. Die Sauce mit Salz, Zucker und Zitronensaft abschmecken. Den Spargel, der unterdessen im Spargelwasser erhitzt wurde, auf einer Platte anrichten, die Barsche darauflegen, die Sauce darübergießen und sofort servieren. Als Beilage Kartoffeln zu Tisch bringen.

Barsche mit Käse überbacken

4 Kleinbarsche, Salz, 1 Zitrone, 1–2 Bund Petersilie, 2 Eßl. Semmelbrösel, 1 Glas Weißwein, 2 Eßl. geriebenen Käse, 80–100 g Butter.

Die vorbereiteten Kleinbarsche mit Salz und Zitrone kräftig würzen, dann in gehackter Petersilie und Semmelbröseln wenden und in eine gefettete Auflaufform stellen, den Weißwein dazugießen, die Barsche mit Käse bestreuen, mit Butterflöckchen belegen und im gut vorgeheizten Backofen bei 200° ca. 30 Minuten garen. Als Beilage eignen sich Reis und gedünstete Tomaten.

Gebratene Kleinbarsche

8–12 Kleinbarsche, Salz, Essig, Mehl, 50–100 g Butter.

Die abgezogenen Barsche waschen, salzen und mit Essig beträufeln. Dann in Mehl wenden und in der Butter gut braun braten oder im Haushaltsfritiergerät bei 170° 6–8 Minuten fritieren. Die Barsche zu Kartoffelsalat oder mit holländischer Sauce zu Kartoffeln servieren.

Kalte Barschfilets

8–12 Kleinbarsche, Salz, 100–150 g Butter.

Die abgezogenen Barsche vorsichtig von der Gräte lösen und die Barschfilets noch einmal der Länge nach durchschneiden. Diese schmalen Filets salzen und in Butter knusprig braun braten. Die gebratenen Filets abkühlen lassen und auf Spieße stecken, evtl. mit Champignonscheiben, Perlzwiebeln, Tomaten- oder Zitronenstücken verzieren.

Zu Wein oder Cocktail serviert, ist dies entschieden origineller als die üblichen „Spießchen“.

Barschsuppe

2 l Wasser, 750–1000 g Barsche, 1–2 Zwiebeln, 1 Teel. Pfefferkörner, Salz, 50 g Butter, 50 g Mehl, ⅛ l saure Sahne, 1 Ei, 1 Teel. Speisestärke, 2–3 Eßl. Schnittlauch.

Das Wasser mit den ganzen Zwiebeln, Pfefferkörnern und dem Salz zum Kochen bringen, die vorbereiteten Barsche hinzufügen und 1 Stunde kochen. Die Suppe dann durch ein Sieb gießen und dabei die weichen Teile der Barsche durchpassieren. Aus Butter und Mehl eine helle Mehlschwitze herstellen und mit der Fischbrühe aufgießen. Die saure Sahne mit dem Ei und der Speisestärke verrühren, zu der Suppe geben, bis zum Kochen kommen lassen, den Schnittlauch hinzufügen und die Suppe abschmecken.

Der Tip am Rande

Auch Barsche lassen sich hervorragend räuchern und grillen. Das sehr grätenarme Barschfleisch wird nicht nur von Kennern geschätzt, sondern findet auf Ihrer Grill- oder Räucherparty auch unter den „Barschneulingen“ schnell Liebhaber.

Beim Grillen läßt man dem kleinen Barsch und auch dem Filet die Haut und schuppt sie lediglich. Zur Dekoration grillt man ungeschuppte kleine Fische mit. Auch kleine Räucherbarsche machen das Fischbüfett besonders ansehnlich und schmücken schon alleine durch das „schmackhafte“ Räuchergold.

Plötze und andere kleine Fische

Dieser kleine Weißfisch, silberhell und rotäugig, bevölkert Seen und Flüsse oft in großen Schwärmen und bereitet auch dem Sportangler meist das Vergnügen – und beißt an.

Aber einmal in der Küche, rächt er sich ein wenig. Es vergeht einige Zeit, bis die kleinen Fische geschuppt sind, zum anderen haben sie nicht wenig Gräten!

Für Fischsuppe genügt es aber, wenn die Plötzen ausgenommen und gut gewaschen werden.

Auch zu Fisch-Hackteigen lassen sich Plötzen gut verwenden, allerdings sollten sie für diesen Zweck geschuppt, ausgenommen und von den Mittelgräten befreit werden. Die feineren Gräten jedoch zerkleinert der Fleischwolf. Doch am wichtigsten ist schließlich: Das Fleisch der Plötze ist zart und von Wohlgeschmack!

Auch alle anderen kleinen Fische lassen sich wie Plötzen verarbeiten.

Gebratene Plötzen *1000 g Plötzen, Essig, Salz, 50 g Mehl, 100 g Butter.*

Von den gut vorbereiteten Plötzen auch den Kopf abschneiden. Die Fische säuern und von innen salzen. In einer Pfanne Butter erhitzen, unterdessen die Plötzen in Mehl wenden, in die heiße Butter legen und unter öfterem vorsichtigen Umwenden in etwa 10 Minuten goldbraun braten und mit Kartoffelsalat servieren.

Sauer eingelegte Plötzen

1000 g Plötzen, 50 g Mehl, 100 g Butter, ⅛ l Wasser, ¼ l Essig, 4 gestr. Teel. Salz, 1 gestr. Teel. Zucker, 8 Wacholderbeeren, 12 Pfefferkörner, 1–2 Teel. Senfkörner, 1–2 Zwiebeln.

Die gut vorbereiteten Plötzen in Mehl wenden, die Butter in einer Pfanne erhitzen, die Plötzen hineinlegen und unter öfterem vorsichtigen Umwenden in etwa 10 Minuten goldbraun braten. Das Wasser mit dem Essig, den Gewürzen und den geschälten, in Ringe geschnittenen Zwiebeln aufkochen und diesen Sud abgekühlt über die gebratenen Plötzen gießen. Die Plötzen halten sich einige Tage in der Marinade.

Diese Plötzen mit Kartoffeln oder Brot servieren.

Plötzen in Alufolie

8 Plötzen, Essig, Salz, 1 Bund Suppenkraut, 1 Bund Petersilie, 2 Zwiebeln, 60 g Butter, 1 Teel. Tomatenmark.

Die Plötzen gut vorbereiten, mit Essig beträufeln und gut salzen. Das Suppenkraut putzen und sehr fein schneiden, die Petersilie hacken, die Zwiebeln fein würfeln. In der Butter zuerst die Zwiebel andünsten, Suppengemüse zugeben, 10 Minuten dünsten, dann das Tomatenmark und die Petersilie untermischen. Die Masse in die Plötzen füllen, den Rest auf die in entsprechender Größe geschnittene Alufolie verteilen. Die Plötzen in die Alufolienstücke einwickeln und im Schnellkochtopf 10 Minuten dämpfen.

Plötzen im Römertopf

6 Plötzen, Essig, Salz, 2 Zwiebeln, 2 Paprikaschoten, 4 Tomaten, 1 Teel. Paprika, 50 g Speck, 1 Tasse Fleischbrühe.

Die Plötzen gut vorbereiten, mit Essig beträufeln und mit Salz und Paprika würzen, Speck und Zwiebeln in Würfel schneiden, Paprikaschoten und Tomaten in Streifen schneiden. Den Speck ausbraten, die Zwiebel zugeben, andünsten, dann Paprika und Tomaten hinzufügen und ca. 5 Minuten dünsten. Diese Gemüsemischung in den gewässerten Römertopf geben, die Plötzen darauflegen, die Fleischbrühe darübergießen und den Topf schließen. Die Plötzen 40–45 Minuten bei 200° im Ofen garen.

Fischsalat aus Plötzen

1000 g Plötzen, 1 l Wasser, 2 Eßl. Salz, 4 Eßl. Essig, 1 Teel. Zucker, 1 Lorbeerblatt, 1–2 Zwiebeln, 2 Nelken, 6 Wacholderbeeren, ½ Teel. Pfefferkörner. 250 g Äpfel, 100 g Gewürzgurken, ½–1 Teel. Salz, 1–2 Teel. Zucker, Saft von 1–2 Zitronen, 100 g Mayonnaise, etwas Dosenmilch.

Salz, Essig, Zucker, die Gewürze und die ganze geschälte Zwiebel in das Wasser geben und zum Kochen bringen. Dann die gut vorbereiteten Fische hineingeben und je nach Größe 10 bis 15 Minuten gar ziehen lassen. Von den gegarten Fischen zuerst die Haut, dann Kopf und Gräten entfernen und die Filets in beliebig große Stücke teilen. Die geschälten Äpfel und die Gewürzgurken in feine Würfel schneiden und mit den Fischstücken und einer Marinade aus Salz, Zucker und Zitronensaft in eine Schüssel legen. Die Mayonnaise mit etwas Dosenmilch verrühren und vorsichtig mit den anderen Zutaten mengen. Den Salat gut durchziehen lassen und dann noch einmal abschmecken; dazu empfiehlt sich Weißbrot.

Gefüllte Tomaten

8 Tomaten, etwa 500 g gekochte Fische, 1 Gewürzgurke, 1 Ei (hartgekocht), Salz, Pfeffer, 20 g Butter.

Von den gekochten Fischen zuerst die Haut, dann Kopf und Gräten entfernen; danach das Fischfleisch recht fein zerkleinern. Die Gewürzgurke und das Ei fein hacken, mit dem Fisch vermengen und mit den Gewürzen gut abschmecken. Von den Tomaten „Deckel“ abschneiden und mit einem Teelöffel vorsichtig aushöhlen. Dann die Fischmasse einfüllen. In einer Auflaufform Butter schmelzen, die Tomaten hineinsetzen und das ausgehöhlte Tomatenfleisch dazugeben. Die Tomaten etwa 15 Minuten im Backofen dünsten und mit Weißbrot oder Bratkartoffeln servieren.

Einfache Fischsuppe

1000 g Plötzen, 2 l Wasser, 1 Speckschwarte, 1 Lorbeerblatt, 3 Wacholderbeeren, ½ Teel. Pfefferkörner, 1–2 Zwiebeln, 1–2 Bund Suppenkraut, 2 Eßl. Salz, 80 g Fett, 80 g Mehl, Saft von 1 Zitrone, evtl. Weißwein, gehackte Petersilie.

Das Wasser mit der Speckschwarte, den Gewürzen, der geschälten Zwiebel und dem geputzten Suppenkraut so lange kochen, bis das Gemüse gar ist. Danach das Gemüse herausnehmen und mit einem Buntmesser in schöne Scheiben schneiden. Die vorbereiteten Plötzen in den kochenden

Sud geben und, entsprechend ihrer Größe, 10 bis 15 Minuten gar ziehen lassen. Von den garen Fischen Kopf, Haut und Gräten entfernen und das Fischfleisch in beliebig große Stücke teilen. Das Kochwasser durch ein Sieb gießen. Aus Fett und Mehl eine Mehlschwitze bereiten, mit dem Kochwasser auffüllen und mit Zitronensaft oder auch mit etwas Weißwein pikant abschmecken. Die Fischstücke und das Gemüse hinzufügen und die Suppe mit gehackter Petersilie anrichten.

Fischsuppe mit Erbsen

1000 g Fische, 50 g Mehl, 50 g Butter, 1 Zwiebel, 1½ l Wasser, 1 Teel. Salz, 750 g frische Erbsen oder ein Paket tiefgekühlte Erbsen, Salzwasser, 3–4 Scheiben Weißbrot, 50 g Butter.

Die gut vorbereiteten Fische in Mehl wenden und in Butter lichtbraun braten, dann die gewürfelte Zwiebel hinzufügen und leicht anbraten. Einige schöne Fischstücke herausnehmen, davon die Gräten entfernen und als Suppeneinlage zurücklegen. Auf die restlichen Fischstücke das Wasser gießen, gut würzen und etwa 30 Minuten kochen lassen. Dann die Suppe durch ein Sieb gießen und die weichen Fischteile hindurchpassieren, so daß eine leicht sämige Suppe entsteht. Inzwischen die ausgepalten oder tiefgekühlten Erbsen in Salzwasser weichkochen und ebenfalls durch ein Sieb passieren. Das Erbsenpüree mit der Fischsuppe verrühren, gut abschmecken und die Suppe mit den gebratenen Fischstücken und gerösteten Weißbrotwürfeln servieren.

Der moderne Mensch liebt die Statistik, überzeugt, aus ihr aufschlußreiche Rückschlüsse ziehen zu können. Zuweilen aber setzt uns auch historisch überliefertes Zahlenmaterial in Erstaunen: Ein Feldherr Alexanders des Großen nahm bei der Einnahme von Damaskus nicht weniger als 277 Mundköche, 70 Mundschenke und eine Unzahl von Küchensklaven gefangen, die näher zu beziffern sich offensichtlich damals gar nicht lohnte. Die gefangenen Köche gehörten ausnahmslos zum Personal des Perserkönigs Darius III. Ob der König sehr „kochte“ – als er den Verlust der Köche erfuhr?

Fischsuppe mit Klößchen

1000 g Fische, 2½ l Wasser, 1 Zwiebel, 1 Lorbeerblatt, Salz, Pfefferkörner, 60–80 g Butter, 60–80 g Mehl, 1–2 Eigelb, 1 Glas saure Sahne, 1 Teel. Speisestärke, 1 Bund Schnittlauch.
Für Klößchen, auf je 500 g Fischfleisch: 1 Ei, 4–5 Eßl. Semmelmehl, Salz, Pfeffer, Zwiebel.

Die gründlich gesäuberten Fische filetieren – Kopf, Haut und Gräten mit den Gewürzen im Wasser 1 Stunde lang kochen. Unterdessen das Fischfleisch durch den Fleischwolf geben und mit Semmelmehl, Ei und Gewürzen zu einem Fischhackteig verarbeiten; aus diesem Teig anschließend Klößchen formen.

Die Fischsuppe durch ein Sieb gießen und die weichen Teile durchpassieren. Einen Teil der Brühe aufkochen, die Fischklößchen hineingeben und 5 bis 10 Minuten gar ziehen lassen. Aus Butter und Mehl eine helle Mehlschwitze bereiten, mit Fischbrühe aufgießen, die mit saurer Sahne und Speisestärke verrührten Eigelb hinzugeben und die Suppe abschmekken. Die Suppe mit den Fischklößchen und feingeschnittenem Schnittlauch anrichten.

Fischhackteige aus „kleinen Fischen“

... deren Zubereitung Sie sogleich erfahren, können Sie für die nachfolgenden Rezepte dann ausgezeichnet verwenden.

Zwei Möglichkeiten für die Zutaten zum Fischhackteig seien hier vorgeschlagen. Weitere Variationen sind vielleicht das Ergebnis ihrer Erfahrungen.

I. Vorschlag:
1000 g Fischfleisch, Salz, Pfeffer, 1 Zwiebel, 2 Eier, 150 g Semmelmehl.

II. Vorschlag:
750 g Fischfleisch, 250 g Hackfleisch, Salz, Pfeffer, 1 Zwiebel, 2 Eier, 100 g Semmelmehl.

Zubereitung: Die Fische schuppen und ausnehmen, Kopf und Hauptgräte entfernen. Die Fische gut auswaschen und dann zwei- bis dreimal durch einen Fleischwolf geben, so daß die feinen Gräten vollständig zerkleinert werden. Das Fischfleisch dann mit den jeweils angegebenen Zutaten – nach Vorschlag I oder II – vermengen und gut durchkneten.

Fischfrikadellen *Fischhackteig I oder II, 60 g Butter.*

Den Fischhackteig zu Frikadellen formen und diese in Butter von beiden Seiten braun braten. Damit sich die Frikadellen besser wenden lassen, die heiße Pfanne von der Kochstelle nehmen und die Frikadellen erst umdrehen, wenn sie aufgehört haben zu braten; Kartoffelsalat als Beilage wählen.

Fischhackbraten *Fischhackteig I, 125 g Schweizer Käse, 50 g Butter.*

Den Fischhackteig gut durcharbeiten und zu einem länglichen Braten formen. Diesen mit Käsekeilen bespicken und mit Butter im Ofen oder in einem Schmortopf in ca. einer Stunde braun braten; mit Kartoffeln und Gemüse servieren.

Fischpudding *Fischhackteig II, 10 g Butter, 1–2 Eßl. Semmelmehl.*

Eine Puddingform mit Butter ausstreichen und mit etwas Semmelmehl ausstreuen. Den Hackteig gut durchkneten, in die Puddingform geben und anschließend 1 bis 1½ Stunden im Wasserbad kochen; mit einer Kräutersauce oder mit Mischgemüse und Kartoffeln servieren.

Fischklopse in Dillsauce

Fischhackteig I oder II – Für die Sauce: 40 g Butter, 1 Zwiebel, 40 g Mehl, ⅜ l Wasser, ⅛ l Dosenmilch, Saft einer halben Zitrone, Salz, Zucker, 3–4 Eßl. gehackter Dill.

Die feingeschnittene Zwiebel in Butter andünsten, Mehl hinzufügen, gut anschwitzen und mit Wasser und Dosenmilch aufgießen. Die Sauce mit Zitronensaft, Salz, Zucker und gehacktem Dill recht pikant abschmecken. Aus dem Fischteig Klopse formen, diese in die kochende Sauce legen und 10 bis 15 Minuten leicht kochen lassen; Kartoffeln als Ergänzung.

Mischgemüse mit Fischklößchen

Fischhackteig I oder II, 500 g Erbsen und Karotten oder 1 Packung tiefgekühltes Mischgemüse, ⅜ l Salzwasser, 40 g Butter, 40 g Mehl, Salz, Zucker, Muskat, Zitronensaft, gehackte Petersilie.

Aus Fischhackteig kleine Klößchen formen. Das vorbereitete oder tiefgekühlte Gemüse in Salzwasser weichkochen. Aus Butter und Mehl eine helle Mehlschwitze bereiten, mit Gemüsewasser aufgießen und mit Salz, Zucker, Muskat und Zitronensaft abschmecken. In diese Sauce das Gemüse und die kleinen Klöße geben und 5 bis 10 Minuten gar kochen lassen. Das Gemüse kann mit den Klößchen in einem Reisrand angerichtet werden und wird zuletzt mit gehackter Petersilie bestreut.

Der Tip am Rande für Rotaugen auf Vorrat

Rotaugen einmal anders

Man legt sie ausgenommen, geschuppt und nach Entfernung des Kopfes in 10%igen Essig ein. Darin müssen sie mindestens 3 Tage ziehen. Fertig sind sie, wenn das Fleisch gleichmäßig weiß ist und keine rosa bzw. glasigen Stellen mehr zeigt.

Nun wird aus 1 l Zitronenessig, 2 Teel. Fischgewürz, 300 g Zucker, 2 Teel. Salz, ½ l Wasser und Zwiebelringen von 4–5 Zwiebeln eine neue Marinade hergestellt, darin ziehen die entgräteten Rotaugen noch einmal 2 Tage gut durch.

Zum Entgräten wird der Fisch lediglich auseinandergeklappt, dann läßt sich die Mittelgräte gut herausnehmen. Die feinen Rückengräten sind durch die Essigwirkung nicht mehr feststellbar.

Die gewonnenen Filets kann man schon jetzt genießen oder mit einem eingelegten Stück Gurke und Zwiebel zum Rollmops drehen. Sie lassen sich aber auch gut zu Salaten weiterverarbeiten, zum Beispiel zu:

Rotaugen–Happensalat

20 Rotaugenfilets, 200 g Leberkäse, 1 Glas Senfgurken, 3 Zwiebeln, 500 g Salatmayonnaise, 1 Prise Fischgewürz, Salz und Zucker.

Die Filets in gabelgroße Stücke schneiden. Leberkäse, Senfgurken und Zwiebeln kleinhacken, dann Salz, Zucker und Fischgewürz hinzufügen. Die Salatmayonnaise unterrühren und zum Schluß die Gabelbissen zugeben, ca. 2 Stunden ziehen lassen und zu Bratkartoffeln oder Toast servieren.

Felchen, Maränen, Schnäpel

Sie alle kann man leicht miteinander verwechseln. „Schuld ist die Verwandtschaft“, die große Familie der Renken, der alle drei angehören. Während die Felchen mehr im Süden, in bayerischen und Schweizer Seen leben, tummelt sich die Maräne in norddeutschen Seen, und der Schnäpel bevorzugt Salz- und Brackwasser. Das Felchen ist wohl der bekannteste Fisch dieser Art.

Die nachstehenden Rezepte lassen sich für alle diese Fische gleich gut anwenden, und auch vorbereitet werden sie nach den allgemeinen Hinweisen auf Seite 18.

Maränen in pikanter Sauce

2 Maränen (4 Felchen oder 2 Schnäpel), 1½ l Wasser, ⅛ l Weinessig, 1–2 gestr. Eßl. Salz, 1 Zwiebel, 1 Lorrbeerblatt, ½ Teel. Pfefferkörner, ½ Teel. Wacholderbeeren.

125 g Schinkenspeck, 10 g Butter, 1 Mohrrübe, 1 Zwiebel, 1 Teel. Thymian, ⅛ l Weißwein, 1 Eßl. Butter, 2 gestr. Eßl. Mehl, ¼ l Fischsud, 1–2 Teel. Tomatenmark, 1 Glas Kapern, Salz, Zucker, evtl. Weißwein.

Wasser, Essig, Salz, Zwiebel, Lorbeerblatt, Pfefferkörner und Wacholderbeeren aufkochen, die vorbereiteten Fische hineinlegen und etwa 20 Minuten gar ziehen lassen.

Für die Sauce: Schinkenspeck, Zwiebel und die geputzte Mohrrübe würfeln. Den Speck mit etwas Butter ausbraten, Zwiebel- und Mohrrübenwürfel hinzufügen, etwa 10 Minuten dünsten, mit Weißwein aufgießen, Gewürze dazugeben, dann etwa ½ Stunde kochen und anschließend durch ein Sieb streichen. Inzwischen aus Butter und Mehl eine helle Mehlschwitze zubereiten, mit etwas Fischsud aufgießen, den durchpassierten Extrakt und das Tomatenmark hinzufügen und die Sauce mit Salz, Zucker und Kapern und evtl. etwas Weißwein abschmecken.

Die Fische mit der Sauce zu Reis servieren.

Maränen in Weißwein

2 Maränen (4 Felchen oder 2 Schnäpel), 1 l Wasser, 1 Zwiebel, 1 Eßl. Salz, 5 Wacholderbeeren, ½ l Weißwein, Saft von 1–2 Zitronen.
1 Eßl. Butter, 1 Eßl. Mehl, ¼ l Fischsud, 5 Eßl. Sahne, 1 Prise Zucker.

Das Wasser mit den Gewürzen aufkochen und den Sud mit Weißwein und Zitronensaft abschmecken. Die vorbereiteten Fische in den kochenden Sud legen und 15 bis 20 Minuten gar ziehen lassen. Unterdessen eine helle Mehlschwitze bereiten, mit Fischsud und Sahne aufgießen, mit Salz und Zucker abschmecken. Die Fische auf einer Platte anrichten und mit Krebsen und Hummerkrabben, Silberzwiebeln, Champignons, Zitronenscheiben und Petersilie verzieren. Mit Kartoffeln, Salat und der Fischrahmsauce servieren.

Felchen in Käsesauce

4 Felchen (je 2 Maränen oder Schnäpel), ½ l Wasser, 1 Eßl. Salz, ½ Teel. Pfefferkörner, 1 Zitrone, ¼ l Weißwein, 40 g Butter, 40 g Mehl, ⅜ l Fischsud, etwas Dosenmilch oder Sahne, 5 Eßl. geriebenen Käse, 1 Eßl. Semmelmehl, 10 g Butter.

Wasser mit Salz und Pfefferkörnern aufkochen, dann Weißwein und Zitronensaft zugießen und, sobald der Sud wieder aufkocht, die vorbereiteten Fische einlegen und 15 Minuten ziehen lassen.

Aus Butter und Mehl eine helle Mehlschwitze bereiten, mit Fischsud und Dosenmilch oder Sahne aufgießen, den geriebenen Käse hinzufügen und abschmecken. Nun die Fische in eine Auflaufform legen, die Käsesauce darübergießen, auf die Oberfläche Semmelmehl und Butterflöckchen verteilen und im Ofen ca. 15 Minuten überbacken. Dazu Kopfsalat und Salzkartoffeln servieren.

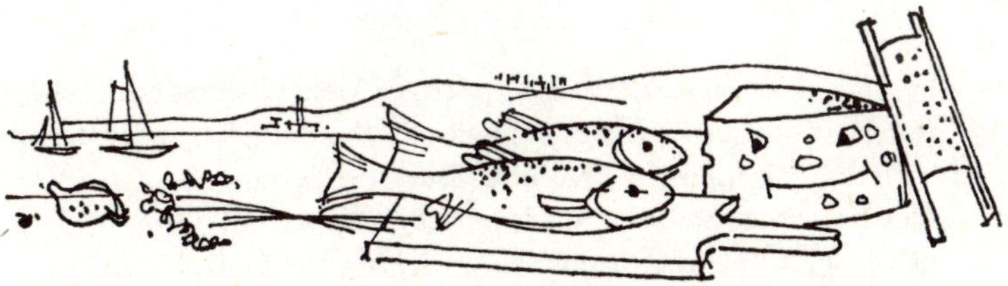

Maränen mit Kräutersauce überbacken

2 Maränen (4 Felchen oder 2 Schnäpel), 1½ l Wasser, 6 Eßl. Weinessig, 1–2 gestr. Eßl. Salz, 1 Lorbeerblatt, 1 Zwiebel, 1 Teel. Pfefferkörner, 20 g Butter, 20 g Mehl, ¼ l Fischsud, etwas Dosenmilch, Zucker, 3 Eßl. gehackte Kräuter, 20 g Butter, etwas Semmelmehl.

Aus Essig, Salz, Zwiebel, den Gewürzen und Wasser einen kräftigen Fischsud kochen, die vorbereiteten Fische hineinlegen und 15 bis 20 Minuten gar ziehen lassen. Danach die Fischfilets von Haut und Gräten lösen und in eine gefettete Auflaufform legen. Inzwischen aus Butter und Mehl eine helle Mehlschwitze bereiten, mit Fischsud und Dosenmilch aufgießen, mit Zucker und gehackten Kräutern abschmecken. Diese Sauce über die Fischfilets gießen, etwas Semmelmehl darüberstreuen und Butterflöckchen aufsetzen. Das Gericht 15 bis 20 Minuten im Ofen überbacken.

Kartoffeln als Ergänzung reichen.

Felchen gedünstet

4 Felchen (2 Maränen oder 2 Schnäpel), Salz, Pfeffer, Essig, 1 Bund Suppenkraut, 60 g Butter.

Die vorbereiteten Fische von innen mit Salz und Pfeffer würzen und mit Essig beträufeln. Das Suppenkraut sehr fein schneiden oder durch einen Fleischwolf drehen. Die Butter erwärmen, die Fische mit der flüssigen Butter bestreichen und nebeneinander in eine gefettete Auflaufform stellen. Das zerkleinerte Gemüse darüberstreuen, die restliche Butter darübergießen und die Fische im Backofen 25 bis 40 Minuten dünsten.

Kartoffeln als Beilage servieren.

Gebratene Felchen pikant

4 Felchen (2 Maränen oder 2 Schnäpel), Salz, Essig, 3 Eßl. Mehl, 150–200 g Butter, 1 Zwiebel, 1 Zitrone, evtl. etwas Sardellenpaste.

Die vorbereiteten Fische säuern und salzen, in Mehl wenden und in Butter braun braten. Zwiebel in Ringe schneiden, ebenfalls braun braten und über die Fische verteilen. Die restliche Butter bräunen, mit Zitronensaft und vielleicht etwas Sardellenpaste abschmecken und über die schon gebratenen Fische gießen. Diesmal Kartoffelsalat als Beilage wählen.

Gebratene Felchenfilets

4 Felchen, Salz, Essig, 2 Eßl. Mehl, 1 Ei, 3 Eßl. Semmelmehl, 100–125 g Kokosfett.

Den geschuppten Fischen nicht den Bauch, sondern den Rücken, entlang der Rückengräte, aufschneiden und beiderseits der Gräte das Fischfilet auslösen. Gräte und Eingeweide entfernen, die Filets gut waschen. Die Filets salzen und säuern, mit Mehl, verschlagenem Ei und Semmelmehl panieren und in heißem Kokosfett in der Pfanne braun braten oder im Haushaltsfritiergerät 7 bis 8 Minuten fritieren. Die gebratenen Filets mit Kartoffelsalat anrichten.

Maräne in Aspik

Fischreste oder 1 gekochte Maräne (2 Felchen oder 1 Schnäpel), 1 Gewürzgurke, 1 hartgekochtes Ei, 1 Päckchen Pulvergelatine, 1 Prise Zucker.

Von den Fischen die Haut abziehen und das Fischfleisch von den Gräten lösen. Die Pulvergelatine in ¼ l Fischsud auflösen und soviel Fischsud hinzugießen, daß ½ l Aspikflüssigkeit entsteht, dann abschmecken. Das Aspik mit dem Fischfleisch so herstellen, wie unter „Auch das sollten Sie wissen" (S. 24) beschrieben.

Maränenschnitten überbacken

4 Scheiben Weißbrot, 4 Tomaten, 40 g Butter, 2 Sardellen, 4 Käse-Scheibletten, Fischreste oder 1 gekochte Maräne.

Getoastetes Brot mit Butter bestreichen und mit Tomatenscheiben belegen. Das Fischfleisch von den Gräten lösen, auf die Tomatenscheiben verteilen und obenauf je ein Sardellenfilet legen. Die so hergerichteten Schnitten mit je einer Käse-Scheiblette bedecken und etwa 15 Minuten im Ofen überbacken.

Felchen mit Tomaten

4 Felchen (2 Maränen oder 2 Schnäpel), Salz, Essig, 1 Zwiebel, 125 g Schinkenspeck, 250 g Tomaten, 100 g Paprikaschoten, Zucker.

Die vorbereiteten Fische von innen salzen und mit Essig beträufeln. Die Zwiebel und den Schinkenspeck in feine Würfel schneiden und leicht anbraten. Die Tomaten schälen und in Viertel schneiden. Die Paprikaschoten entkernen, auswaschen, in Streifen schneiden und zu den angebratenen Zwiebelwürfeln geben. Das Gemüse ca. 5 Minuten dünsten, dann die Fische und die Tomatenviertel hinzufügen und noch ca. 15 bis 20 Minuten im geschlossenen Topf dünsten. Das Gericht mit Salz und Zucker abschmecken und mit Reis auf den Tisch bringen.

Soll das Gericht im Römertopf gegart werden, das angedünstete Gemüse in den gewässerten Topf hineingeben, die Felchen darauflegen und die Tomatenviertel darüber verteilen. Den Topf schließen und das Gericht 50 bis 60 Minuten bei 200° schmoren.

Und wieder der Tip am Rande

Maränen gelten als besondere Delikatesse, wenn man sie räuchert. Sie werden nicht ausgenommen und erst nach dem Räuchern trocken gesalzen. Auch roh oder gebraten in Marinade eingelegt, wird dieser zarte und delikate Fisch Ihre Gäste immer wieder überraschen.

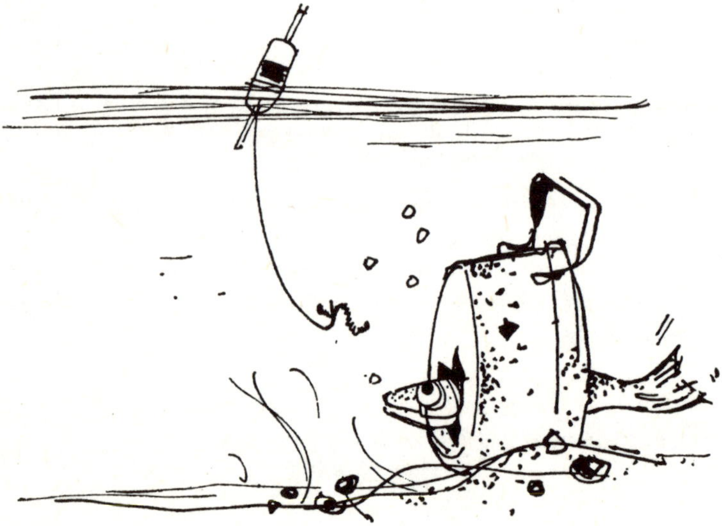

Aal

Der Aal, heimisch in fast allen Gewässern, nimmt unter den bei uns gefangenen Fischen eine Sonderstellung ein, nicht allein wegen seines schlangenförmigen Aussehens. Er lebt jahrelang im Süßwasser, wandert aber zum Laichen in die Tiefen des Meeres. Der Nachwuchs kehrt von dort zurück, um in den Flüssen wieder aufzusteigen. Im fernen Samoa, berichtet die Völkerkunde, wurde der Aal einst als tierischer Schutzgeist verehrt und an den Häusern abgebildet, um böse Einflüsse fernzuhalten.

In Ostfriesland, obwohl nur wenige Kilometer vom Meer getrennt, konnte man früher kaum einen Fisch auf der bäuerlichen Tafel entdecken – außer Räucheraal. Die ärmeren Moorbewohner fingen ihn in Kanälen und Prielen, räucherten ihn über dem Torffeuer und verkauften ihn an den Türen der Großbauern. Die nahen Deiche und das dort immer als feindlich empfundene Element des Wassers trennte wohl noch allzu scharf die Erzeuger von Rind- und Schweinefleisch von den Jüngern Petris, und allenfalls der hohe Fettgehalt des Aales mag Gnade gefunden haben in den Augen der Friesenbauern, die Korn, starken Tee und dunkelrot geräucherte Schinken lieben.

Überall wird der Aal geräuchert besonders geschätzt, doch auch aus frischem Aal lassen sich viele schmackhafte Gerichte bereiten. Der Aal kann auf verschiedene Arten vorbereitet werden:

1. Er wird ausgenommen, mit Salz abgerieben und gut ausgewaschen, z. B. zum Räuchern.
2. Er wird, nachdem er getötet ist, mit dem Kopf an einem Nagel aufgehängt, die Haut am Kopf ringsum eingeschnitten und etwas gelöst und dann, am besten mit Hilfe eines Tuches, abgezogen. Danach wird der Aal ausgenommen und gut ausgewaschen. (Siehe auch die Abbildungen auf der Tafel gegenüber Seite 104).
3. Der Aal wird zuerst abgezogen, dann auf dem Rücken an beiden Seiten der Gräte eingeschnitten und diese vorsichtig gelöst, so daß der Fisch im ganzen breit daliegt. Nun werden die Eingeweide entfernt und der Aal gut ausgewaschen.

Aal blau

1 Aal (ca. 1000 g), Salz, Essig, ½ l Wasser, 1 Teel. Salz, 1 Lorbeerblatt, 4 Nelken, 1 Teel. Pfefferkörner, 1 Zwiebel, 2 Eßl. Essig.

Den Aal ausnehmen, gründlich mit Salz abreiben und sauber auswaschen. Das Wasser mit Salz, Lorbeerblatt, Nelken, Pfefferkörnern und der Zwiebel aufkochen, Essig hinzufügen und den Aal im ganzen oder in Stücken in diesen Sud legen und 10 bis 15 Minuten ziehen lassen. Aal blau mit Kartoffeln, Butter und Salat servieren, oder aus dem Sud eine Sauce herstellen und diese mit Meerrettich oder Kräutern kräftig abschmecken.

Fisch mit Messer . . .

Im Jahre 1494 aß man in Mailand, im Palast des Renaissance-Fürsten Sforza außer Kapaunenbrüsten in Gelee auch fette Aale und Karpfen, die aus den Fischteichen bei Mantua stammten. Auch den Fisch aß man mit dem Messer – und drei Fingern!

Gabeln waren damals noch eine höchst vereinzelte Erscheinung und das Fischbesteck noch gar nicht „erfunden".

Aal in Weißwein

1 Aal (ca. 1000 g), ¼ l Wasser, 1 Eßl. Salz, 1 Teel. Pfefferkörner, 1 Zitrone, ⅛ l Weißwein, 40 g Butter, 40 g Mehl, ⅛ l Sahne oder Dosenmilch, 1 Eigelb, Zucker, Hummerkrabben oder Krebsschwänze.

Den Aal nach der 3. Methode vorbereiten und in fingerlange Stücke schneiden. Das Wasser mit dem Salz und den Pfefferkörnern aufkochen, den Weißwein und den Zitronensaft hinzufügen und sobald dieser Sud wieder kocht, die Aalstücke hineinlegen und 10 Minuten ziehen lassen. Aus Butter und Mehl eine helle Mehlschwitze zubereiten, mit der Sahne oder Dosenmilch und dem Fischsud aufgießen, mit Eigelb legieren und mit Salz und Zucker pikant abschmecken. Die Aalstücke mit der Sauce anrichten und mit halbierten gekochten Hummerkrabben oder Krebsfleisch verzieren. Das Gericht mit Kartoffeln servieren.

Aal mit Rotwein

1 Aal (ca. 1000 g), 100 g Pfifferlinge, 1 Schalotte, 20 g Butter, ⅛ l Rotwein, 1 Teel. Salz, evtl. 1 Teel. Mehl, evtl. etwas Zucker.

Den Aal nach der 2. oder 3. Methode vorbereiten und in Stücke schneiden. Die Pfifferlinge gut säubern und klein schneiden, die Schalotten fein würfeln. Die Pfifferlinge und Zwiebelwürfel ca. 10 bis 15 Minuten in der Butter dünsten, die Aalstücke dazugeben, nochmals 3 bis 5 Minuten dünsten, dann mit Rotwein aufgießen und mit Salz würzen. Den Aal noch etwa 10 Minuten in dem Rotwein ziehen lassen. Die Sauce nach Belieben mit angerührtem Mehl binden und mit etwas Zucker abschmecken. Die Aalstücke in der Sauce mit Reis servieren oder als Füllung von Omeletts verwenden.

Aal in Bier

1 Aal (ca. 1000 g), Essig, Salz, ½ l Malzbier, 1 Teel. Salz, 1 Lorbeerblatt, etwas Pfeffer, 1 Stück Brot und nach Belieben: 1 Teel. Zucker, 1 Eßl. Essig.

Den Aal nach der 2. Methode vorbereiten, salzen und säuern und etwa eine Stunde stehenlassen.

Das Bier mit dem Salz, dem Lorbeerblatt, etwas Pfeffer und einem Stück Brot zum Kochen bringen, den Sud nach Belieben mit Zucker und etwas Essig abschmecken, den ganzen Aal hineinlegen und ca. 10 bis 15 Minuten gar ziehen lassen. Den Sud nach Belieben mit etwas Mehl oder Stärkepuder binden, abschmecken und den Aal im ganzen oder in Stücken mit Reis oder Kartoffeln in der Sauce zu Tisch bringen.

Aal mit Paprika und Tomaten

1 Aal (ca. 1000 g), Salz, 1 Paprikaschote, 1 Zwiebel, evtl. 1 Knoblauchzehe, 4 Tomaten, 50 g Butter.

Den Aal nach der 2. oder 3. Methode vorbereiten, in Stücke schneiden und salzen. Von der Paprikaschote die Kerne entfernen, die Schote gut waschen und in Streifen schneiden. Die Zwiebel würfeln, die Knoblauchzehe fein hacken, die Tomaten waschen und vierteln. Die Paprikastreifen, Knoblauch- und Zwiebelwürfel in der Butter ca. 10 Minuten dünsten, die gesalzenen Aalstücke und die Tomatenviertel hinzufügen und nochmals 10 Minuten dünsten. Die Aalstücke anrichten, die Sauce evtl. durch ein Sieb passieren, darübergießen und dazu Reis reichen.

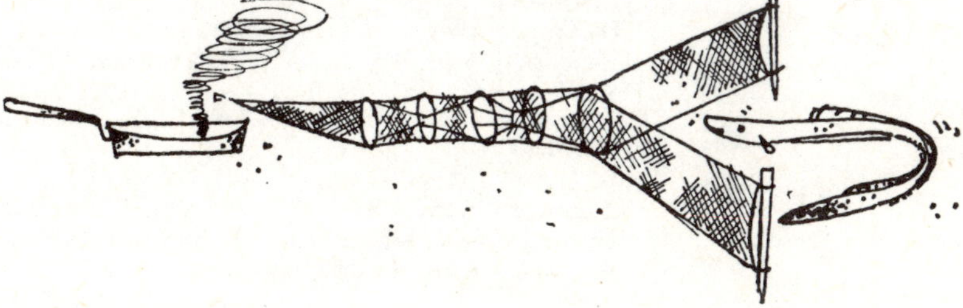

Aalragout

1 Aal (ca. 1000 g), 2 Eßl. Mehl, 50 g Butter, 1 Dose Champignons, 1/8 l Wasser, 2–3 Eßl. Rotwein, 1 Sardelle, Salz, Pfeffer, Zitronensaft, Zucker.

Den Aal nach der 2. Methode vorbereiten und in zweifingerdicke Stücke schneiden. Die Aalstücke in Mehl wenden, etwa 10 Minuten in Butter goldbraun braten und wieder aus der Pfanne nehmen. In der zurückbleibenden Butter das restliche Mehl hellbraun rösten, mit Champignonbrühe und etwas Wasser aufgießen, gut durchkochen und diese Sauce mit gehackter Sardelle, Salz, Pfeffer, Zitronensaft, Zucker und Rotwein pikant abschmecken. Die Aalstücke in die Sauce zurückgeben, noch ca. 10 Minuten ziehen lassen und mit Reis servieren.

Gebackener Aal mit Tomatensauce

1 Aal (ca. 1000 g), 1/4 l Essig, 1 Teel. Salz, 1 Teel. Zucker, etwas Pfeffer, 1 Lorbeerblatt, 1 Zwiebel, 2–3 Eßl. Mehl, 1 Ei, 3–4 Eßl. Semmelmehl, 75–100 g Butter.

1 Eßl. Butter, 1 Eßl. Mehl, 1 Zwiebel, 1/4 l Wasser, etwas Dosenmilch, Tomatenmark, Salz, Zucker.

Den Aal nach der 3. Methode vorbereiten und in Stücke schneiden. Essig, Salz, Pfeffer, Zucker, Lorbeerblatt und die in Scheiben geschnittene Zwiebel aufkochen. Wenn der Sud abgekühlt ist, die Aalstücke hineinlegen und eine halbe bis eine Stunde darin ziehen lassen. Danach die Fischstücke mit Mehl, verschlagenem Ei und Semmelmehl panieren, und in Butter bei mäßiger Hitze ausbacken. Inzwischen aus Butter, Mehl und feingewürfelter Zwiebel eine helle Mehlschwitze zubereiten, mit Wasser und Dosenmilch auffüllen und die Sauce mit Tomatenmark, Salz und Zucker abschmecken.

Zu gebackenem Aal mit Tomatensauce passen sowohl Reis als auch Kartoffeln.

Aal gebraten, mariniert

Auf 1000 g Aal: 1 Eßl. Mehl, 1/2 Teel. Salz, 50 g Butter.

Marinade I
1/4 l Essig, 1/8 l Wasser, 1 Teel. Salz, 1/2 Teel. Zucker, 1 gr. Zwiebel in Scheiben, 1/2 Teel. Pfefferkörner, 1 Teel. Senfkörner.

Marinade II
1/8 l Essig, 3/8 l Wasser, 1 Zwiebel in Scheiben, 2 Lorbeerblätter, 1/2 Teel. Pfefferkörner, 1 Teel. Senfkörner, 2 Teel. Salz, 1 Teel. Zucker, 1 Zitrone in Scheiben, verschiedene Kräuter.

Den Aal nach der 2. Methode vorbereiten und in fingerlange Stücke schneiden. Die Aalstücke in dem mit Salz vermischten Mehl wenden und in der Butter ca. 10 Minuten bei schwacher Hitze goldbraun braten. Diese gebratenen Aalstücke in einen Steintopf legen. Für die gewünschte Marinade die Zutaten aufkochen und abgekühlt durch ein Sieb auf die ebenfalls abgekühlten Aalstücke gießen.

Aal im Backteig

Pro Person 1 kleinen Aal von 250 g, Salz, 150 g Mehl, 1 Ei, Wasser, 150 g Kokosfett.

Die Aale nach der 2. Methode vorbereiten, salzen und mit etwas Mehl bestäuben. Das restliche Mehl mit dem Ei und dem Wasser zu einem dickflüssigen Eierkuchenteig verrühren. Die Aale jeweils zu einem Ring legen, mit Holzstäbchen befestigen, in den Eierkuchenteig tauchen und in schwimmendem Fett 10 bis 15 Minuten gar braten, mit Kartoffeln und Tomatensauce servieren.

Hamburger Aalsuppe

Hafenstädte besitzen meist ihre traditionellen Fischgerichte. Nicht minder berühmt wie die Marseiller Bouillabaisse oder die „Frutti del Mare" in Genua, der Geburtsstadt von Kolumbus, ist Hamburger Aalsuppe. Wer sie einst in alten Hamburger Wirtschaften aß, konnte den feierlichen Akt der Zubereitung miterleben, den meist der Wirt persönlich überwachte.

Verzagen Sie aber nicht – besonders nicht nach der Lektüre der langen Zutatenliste!

Hamburger Aalsuppe

1 Aal (ca. 500 g), ⅛ l Weißwein, etwas Pfeffer, 1 Schinkenknochen, 1½ l Wasser, 500–750 g Erbsenschoten, 1 Bund Suppenkraut, 150 g Backpflaumen, 50g Rosinen, 250 g Kochbirnen, ⅜ l Wasser, Salz, Zucker, Essig, etwas Majoran, Bohnenkraut, Thymian, evtl. etwas Mehl.

Zuerst den Schinkenknochen etwa 2 Stunden kochen. Danach erst die ausgepalten Erbsen sowie das geputzte und kleingeschnittene Suppenkraut hinzugeben und gar kochen.

Backpflaumen in Wasser einweichen und zusammen mit den gewaschenen Rosinen kochen. Die gewaschenen, aber nicht geschälten Birnen in Achtel schneiden, zu den Pflaumen geben und kurz kochen lassen.

Den Aal nach der 2. Art vorbereiten und in Stücke schneiden. Dann den Weißwein mit dem Pfeffer zum Kochen bringen, die Aalstücke hinzufügen und ca. 10 Minuten gar ziehen lassen. Nun den Schinkenknochen aus der Brühe nehmen, alles zusammengeben und die Suppe mit Salz, Zucker, Essig und den gehackten Kräutern abschmecken. Nach Belieben die Suppe zuletzt mit etwas Mehl binden. Die Aalsuppe mit Schwemmklößchen anrichten.

Feine Fischhappen, kalt – aber nicht kalten Herzens angerichtet

Aalröllchen in Weinaspik

1 Aal (ca. 500 g), ¼ l Weißwein, ½ Zitrone oder Apfelsine, 1 Teel. Salz, ½ Teel. Zucker, 1 Prise Pfeffer, ⅛ l Weißwein, 1 Zitrone, 1½ Teel. Zucker, ¼ l Wasser, 1 Päckchen Pulvergelatine, Petersilie, Zitronenscheiben.

Den Aal nach der 2. Methode vorbereiten und dann die Filets von der Gräte lösen. Die Aalfilets in gleichgroße Stücke schneiden, zusammenrollen und mit je einem Holzstäbchen zusammenstecken.

¼ l Weißwein mit Zitronensaft (oder Apfelsinensaft), Salz, Zucker und

Pfeffer zum Kochen bringen, die Aalröllchen hineinlegen und ca. 15 Minuten ziehen lassen. Die Röllchen aus dem Sud nehmen und die Holzstäbchen entfernen. Den Sud durch einen Filter oder ein Sieb gießen, Weißwein und Zitronensaft hinzufügen und mit Zucker abschmecken. Das Wasser aufkochen, die Pulvergelatine darin lösen und mit dem Fischsud verrühren. Mit dieser Aspikflüssigkeit einen Spiegel in Förmchen gießen und mit Petersilie und Zitronenscheiben verzieren. Danach die Aalröllchen darauflegen und die Förmchen fertigstellen wie unter „Auch das sollten Sie wissen", S. 23, beschrieben. Aalröllchen in Aspik mit Salat und Tomaten verzieren und zu Weißbrot oder Toast anbieten.

Pikante Aalhäppchen

1 Aal (ca, 500 g), 1/8 l Wasser, 3 Eßl. Essig, 2 Teel. Salz, 1 Teel. Zucker, 1 Lorbeerblatt, 1/2 Teel. Pfefferkörner, 1 kl. Zwiebel, 4 Scheiben Weißbrot, etwas Butter, 2 Tomaten, etwas Mayonnaise, Petersilie.

Den Aal vorbereiten nach der 2. Methode, in zweifingerbreite Stücke schneiden. Das Wasser mit den Gewürzen und der Zwiebel aufkochen, die Aalstücke hineinlegen und ca. 10 Minuten gar ziehen lassen. Von den abgekühlten Fischstücken die Gräten entfernen und die Aalstücke auf vorbereitete Weißbrothäppchen legen.

Dazu die Weißbrotscheiben in entsprechende Größe schneiden, mit Butter bestreichen und je eine Tomatenscheibe darauflegen. Über den Aal noch etwas Mayonnaise geben, alle Häppchen mit Petersilie verzieren.

Aalroulade

1 kl. Aal (ca. 250 g), 2 Eigelb, 2 Sardellenfilets, 1/4 Schalotte, etwas gehackte Petersilie.
Sud: 3/8 l Wasser, 3 Eßl. Essig, 2 Teel. Salz, 1 Teel. Zucker, 1/2 Teel. Pfefferkörner, 1 Lorbeerblatt.

Den Aal nach der 3. Methode vorbereiten. Das Gelbe von zwei hartgekochten Eiern, Sardellenfilets, Schalotte und Petersilie recht fein hacken, miteinander vermengen und abschmecken. Diese Masse auf den breitliegenden Aal streichen und den Fisch zusammenrollen. Diese Roulade fest zusammenbinden, in ein Leinen- oder Mulltuch einwickeln und in dem angegebenen Sud eine halbe Stunde kochen. Die Aalroulade erkalten lassen, in 4 Scheiben schneiden und mit Weißbrot servieren.

Räucheraal auf Röstbrot und ähnliche Leckerbissen . . .

Aal auf Rührei

Zutaten für 4 Schnitten: 1 Scheibe Weißbrot, 15 g Butter, 2 Eier, 2 Eßl. Milch, Salz, 60–80 g Räucheraal, 1 Scheibe Tomate, Petersilie.

Die Scheibe Weißbrot toasten, mit Butter bestreichen und in Viertel schneiden. Die Eier mit Milch und etwas Salz verrühren und daraus in einer Pfanne mit der restlichen Butter Rührei bereiten. Das Rührei auf die Weißbrotviertel geben, je ein Stück enthäuteten Räucheraal darauflegen und die Schnitten mit Tomate und Petersilie verzieren.

Aalhäppchen

Jeweils für 4 Häppchen: 1 Scheibe Weißbrot, etwas Butter, 80–100 g Räucheraal, 1 Eßl. Schlagsahne, 1 Teel. geriebenen Meerrettich, Salz, 2 Champignons, Petersilie.

Die mit Butter bestrichenen Weißbrotscheiben in Viertel schneiden. Den Räucherfisch enthäuten, von der Gräte lösen, entsprechend große Stücke schneiden und auf die Weißbrotviertel legen. Die Schlagsahne mit Meerrettich und Salz abschmecken und in Tupfen auf den Fisch spritzen. Jedes Häppchen mit einem halben Champignon und etwas Petersilie krönen.

Aal auf Meerrettichsahne

Für 8 Portionen: 125 g Schlagsahne, 2 Eßl. geriebenen Meerrettich, 1 Apfel, 2 gestr. Teel. Pulvergelatine, 2 Eßl. Wasser, 150–180 g Räucheraal, Petersilie, Kopfsalat.

Den geschälten Apfel fein reiben und mit Meerrettich und Schlagsahne verrühren. Die Gelatine nach Anleitung mit kochendem Wasser auflösen, etwas abkühlen lassen und vorsichtig mit der Meerrettichsahne verrühren. Die Masse in Förmchen füllen und diese kalt stellen. Später die Förmchen kurz in heißes Wasser halten, eine Minute stehen lassen und auf eine mit Salatblättchen belegte Platte stürzen. Die Meerrettichsahne mit Räucheraalstücken belegen und mit Petersilie verzieren.

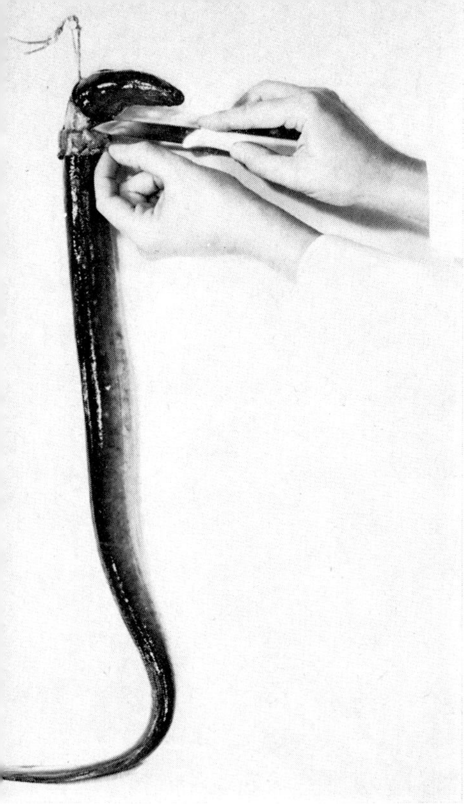

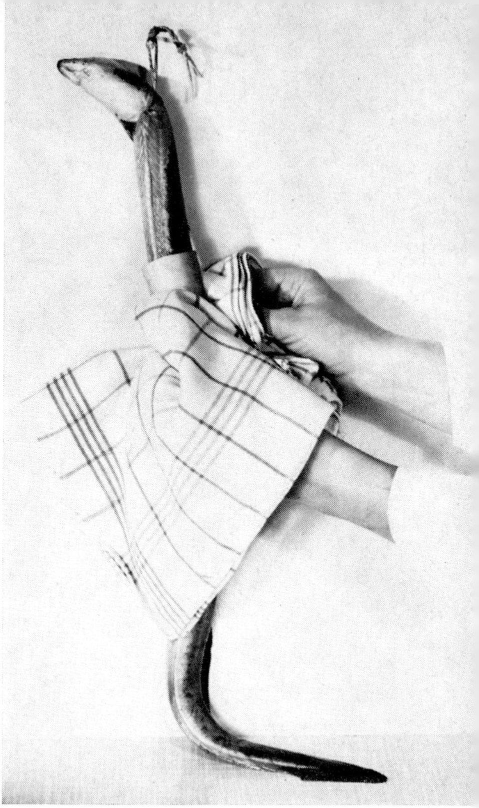

Das Abziehen des Aals nach der 2. Methode auf S. 97 (Photos: Hanse-Foto-Studio)
Aal im Backteig. Rezept Seite 101 (Photo: E. Rickwardt)

Gefüllte Eier mit Räucheraal

4 hartgekochte Eier, 70 g Räucheraal, 100 g Mayonnaise, 1 Eßl. Zitronensaft, Salz, Petersilie.

Die hartgekochten Eier halbieren, mit einem Teelöffel vorsichtig die Eigelb herausnehmen und diese durch ein Sieb streichen. Den Aal enthäuten, von der Gräte lösen, 8 schmale Streifen abschneiden und den Rest durch ein grobes Sieb streichen. Die Eigelb mit der Aalfarce und der Mayonnaise verrühren und die Masse mit Zitronensaft und Salz abschmecken. Diese Masse in die ausgehöhlten Eihälften spritzen und mit den Aalstreifen und etwas Petersilie garnieren.

Johanna Fisch . . .

Es ist uns überliefert und klingt naheliegend, daß die Marquise von Pompadour auch für das leibliche Wohl ihres königlichen Liebhabers, Ludwig XV., höchst persönlich sorgte, wobei Fischgerichte und Schalentiere eine hervorragende Rolle spielten.

Ihr berühmter Ausspruch „Nach uns die Sintflut!" verstärkt den Verdacht, daß diese faszinierend-anrüchige Dame, die schlichtesten Verhältnissen entstammte, sich ihrem eigentlichen bürgerlichen Namen innig verbunden fühlte. Denn bevor sie als die „Pompadour" halb Europa amüsierte und Frankreichs Finanzen ruinierte, hieß sie – Jeanne Poisson.

Zu deutsch – Johanna Fisch.

Aal mit Ei

Zutaten für 4 Schnitten: 1 Scheibe Weißbrot, Butter, 1 hartgekochtes Ei, 150–180 g Räucheraal, Petersilie.

Die Weißbrotscheibe mit Butter bestreichen und in Viertel schneiden. Das Ei mit einem Eierschneider in Scheiben schneiden und je zwei Scheiben auf ein Weißbrotviertel legen. Den gehäuteten Aal in 4 Stücke schneiden und jeweils ein Stück auf die Eierschnitten legen und mit Petersilie verzieren.

Aalsalat

500 g Sellerie, 250 g Äpfel, 2 Bananen, 100 g Räucheraal, 80 g Mayonnaise, Essig, Salz, Zucker.

Den gekochten Sellerie schälen, in gleichmäßige Würfel schneiden und in eine Marinade aus Essig, Salz und Zucker legen. Die Äpfel schälen, die Kerngehäuse entfernen, würfeln und mit dem Sellerie vermengen. Dann die Bananen in Scheiben schneiden, den enthäuteten Räucheraal von der

Gräte lösen und in Stücke teilen. Bananenscheiben, Aalstücke und Mayonnaise vorsichtig mit den marinierten Sellerie- und Apfelstücken vermengen – und den Salat abschmecken.

Kleine warme Räucheraal-Gerichte

Räucheraal pikant

1 Räucheraal, 250 g Pfifferlinge, 2 Sardellen, 1 Glas Kapern, 2 Schalotten, 2 Bund Petersilie, Schale einer halben Zitrone, 10 g Butter.

Den Räucheraal enthäuten und in Portionsstücke schneiden. Pfifferlinge, Kapern, Zitronenschale und Petersilie fein hacken, die Sardellen entgräten und fein schneiden. Die Schalotten in kleine Würfel schneiden. Diese Zutaten miteinander vermischen und die Räucheraalstücke darin rollen. Alufolie in Quadrate schneiden, mit Butter bestreichen, die Räucheraalstücke mit den anhaftenden Zutaten darauflegen und die Folie gut darüber verschließen. Diese Päckchen auf dem Backblech im vorgeheizten Backofen etwa 10 bis 15 Minuten erhitzen und als warme Vorspeise zu Weißbrot servieren.

Räucheraal mit Erbsen

1 Räucheraal, evtl. Salz, 1 Ei, 100 g Semmelmehl, 30 g Butter, 1 Dose Erbsen, 30 g Butter, gehackte Petersilie

Den Räucheraal enthäuten, in Portionsstücke schneiden, evtl. leicht würzen und zuerst in verschlagenem Ei, dann in Semmelmehl wenden. Diese panierten Räucheraalstücke mit Butter in der Bratpfanne knusprig braun braten. Inzwischen die Erbsen erhitzen, in Butter schwenken, abschmecken, mit Petersilie bestreuen und mit den Aalstücken auf einer Platte anrichten. Als Beilage Kartoffeln.

Räucheraal in Biersauce

1 Räucheraal, 1 Flasche Malzbier, 1 Teel. Pfefferkörner, 2 Lorbeerblätter, 3 Schalotten, 3 Zitronenscheiben, ½ Teel. Salz, 20 g Butter, 1 Eigelb, 1 Teel. Speisestärke, 1 Tasse Milch.

Den Räucheraal enthäuten und in Stücke schneiden. Das Bier mit Pfefferkörnern, Lorbeerblättern, Schalotten, Butter und Zitronenscheiben aufkochen und mit Salz abschmecken. Die Aalstücke hinzufügen, die Flüssigkeit wieder zum Kochen bringen und dann die Aalstücke etwa 5 Minuten darin ziehen lassen. Inzwischen das Eigelb mit Speisestärke und Milch verrühren. Die Aalstücke in eine Schüssel legen, den Sud mit dem angerührten Eigelb binden und durch ein Sieb auf die Aalstücke gießen.

Kartoffelklöße können zu Aal in Biersauce gereicht werden.

Quappe

Die Aalquappe, kurz und allgemein Quappe genannt, hat je nach Landschaft auch noch andere Bezeichnungen, wie Rutte oder Trüsche. Sie ist, obwohl der weibliche Artikel ihres Namens dies zunächst nicht vermuten läßt, als rücksichtsloser und reichlich gefräßiger Laich-, Brut- und Jungfischräuber kein eben sehr beliebter Bewohner von Flüssen und Seen. Von braun-grünlicher Färbung und dunklen Flecken marmoriert, hält sie sich gern in Verstecken auf, meist am Grunde fließender Gewässer.

Der Angler, der diesen Raubfisch landet, bereitet Feinschmeckern allerdings ein Gaumenfest, zumal die Quappen wohlschmeckende und große Lebern besitzen. Auch das Fischfleisch läßt sich zu ausgezeichneten Gerichten verwenden. Quappen werden am besten wie Aale abgezogen und vorbereitet.

Aalquappen-Leberragout

2 Quappenlebern, ¼ l Wasser, 1 Teel. Salz, 1 Eßl. Essig, 1 Schalotte, 20 g Butter, 20 g Mehl, ⅛ l Sud und Champignonbrühe, 1/16 l Weißwein, 1 Eigelb, 1 Löffelspitze Sardellenpaste, 1 Löffelspitze Tomatenmark, 1 Dose Champignons, Salz, Zucker.

Die Lebern wässern, bis sie weiß werden. Das Wasser mit dem Salz, der Schalotte und dem Essig aufkochen, die gewässerten Quappenlebern hinzufügen und 15 bis 20 Minuten leicht kochen lassen. Aus Butter und Mehl eine helle Mehlschwitze bereiten, mit Champignonbrühe, Fischsud und Weißwein aufgießen, mit Eigelb legieren und mit Sardellenpaste, Tomatenmark, Salz und Zucker abschmecken.

Die Quappenlebern und die Champignons in Muscheln legen, die dicke Sauce darübergießen und im Ofen leicht überbacken. Das Ragout als Vorspeise mit Brot servieren.

Gebratene Aalquappenleber

1–2 Aalquappenlebern, 1 Eßl. Mehl, 30 g Butter, 1 Zwiebel, 1–2 Äpfel, Salz, Pfeffer, Zucker.

Die Zwiebel schälen und in Ringe schneiden. Die Äpfel schälen, mit einem Apfelausstecher das Kerngehäuse entfernen und die Äpfel dann in ½ cm dicke Ringe schneiden. Die Leber in Mehl wenden und in der Butter ca. 5 Minuten braten, dann herausnehmen und die Zwiebelringe in der Butter rösten. Dann die Apfelringe hinzufügen, andünsten, die Leber wieder hinzufügen und zusammen dünsten, bis die Äpfel gar sind. Das Gericht mit Salz, Pfeffer und etwas Zucker abschmecken. Als Beilage eignen sich Brot oder Kartoffelbrei.

Aalquappe mit Kräutersauce

1 Aalquappe (1500 g), 1 l Wasser, 1 Bund Suppenkraut, 1 Zwiebel, 1 Eßl. Salz, 6 Eßl. Essig, 40 g Butter, 40 g Mehl, ½ l Fischsud, etwas Dosenmilch oder Sahne, 2–3 Bund Petersilie oder andere Kräuter.

Das Wasser mit dem geputzten Suppenkraut, der Zwiebel und dem Salz 5 bis 10 Minuten kochen, den Essig und die Aalquappen hinzufügen und 15 bis 20 Minuten leicht kochen.

Aus Butter und Mehl eine helle Mehlschwitze herstellen, mit etwas Dosenmilch und Fischsud aufgießen, die gehackten Kräuter hinzufügen und die Sauce mit Salz, evtl. etwas Zucker abschmecken. Die Quappe auf einer Platte anrichten, mit der Kräutersauce übergießen und mit Salzkartoffeln und Kopfsalat auf den Tisch bringen.

Aalquappe in Rotwein

1 Aalquappe (1500 g), 30 g Butter, 1 Zwiebel, 1 Dose Champignons, 1 Zitrone, ¼ l Rotwein, ¼ l Wasser, Salz, ½ Teel. Pfefferkörner, 20 g Butter, 30 g Mehl.

Die vorbereitete Aalquappe in fingerlange Stücke schneiden. Die Zwiebelwürfel in Butter andünsten, dann Champignons, Pfeffer, Rotwein und das Wasser hinzufügen und den Sud mit Salz abschmecken. Die Zitrone in Scheiben schneiden und, sobald der Sud wieder kocht, mit den Aalquappenstücken hinzufügen und alles 20 Minuten leicht kochen lassen. Inzwischen aus Butter und Mehl eine dunkle Mehlschwitze herstellen, mit Fischsud aufgießen und den Fisch in der Sauce zu Reis servieren.

Aalquappenfilet gebraten

1 Aalquappe, 1 l Wasser, 1 Zwiebel, 2 Teel. Fischgewürz, 1 Eßl. Salz, 3 Eßl. Essig, 4 Eßl. Tomatenketchup, 1 Ei, 4 Eßl. Semmelmehl, 100 g Kokosfett.

Fischgewürz, Zwiebel, Salz und Essig im Wasser aufkochen, die Aalquappe hineinlegen und 15 Minuten ziehen lassen – nicht kochen. Die Aalquappe erkalten lassen, das Fischfleisch dann von den Gräten lösen, in fingerlange Stücke schneiden und mit Tomatenketchup bestreichen. Nun noch die Fischstücke in verschlagenem Ei wenden, mit Semmelmehl panieren und in Kokosfett 10 bis 15 Minuten braun braten. Als Beilage stehen zur Wahl: Kartoffelsalat, oder Reis mit Tomatensauce.

Aalquappe paniert

1 Aalquappe (1500 g), Salz, Essig, etwas Sardellenpaste, 2 Eßl. Mehl, 1 Ei, 3 Eßl. Semmelmehl, 100 g Kokosfett.

Die vorbereitete Aalquappe in fingerlange Stücke schneiden, salzen und säuern und ca. eine Stunde stehen lassen. Die Fischstücke mit etwas Sardellenpaste bestreichen, in Mehl, verschlagenem Ei und Semmelmehl wenden und diese panierten Fischstücke in Kokosfett ca. 15 Minuten ausbacken. Den Fisch mit Kartoffelsalat oder mit Reis und Tomatensauce servieren.

Aalquappe gedünstet

1 Aalquappe (1500 g), Salz, Pfeffer, 125 g Champignons, 1 Schalotte, 40 g Butter, ¼ l Weißwein, etwas Speisestärke.

Die vorbereitete Aalquappe in fingerdicke Scheiben schneiden und mit Salz und Pfeffer würzen. Die Champignons putzen und in Scheiben schneiden. Die Schalotte würfeln, in der Butter andünsten, die Champignonscheiben hinzufügen, 10 Minuten dünsten, die Aalquappenscheiben darauflegen, den Wein darübergießen und das Gericht ca. 20 Minuten dünsten. Die Sauce mit etwas Speisestärke binden und mit Kartoffeln zu Tisch bringen.

Aalquappe in Folie gedünstet

1 Aalquappe (ca. 1500 g), Salz, Senf, Alufolie.

Die vorbereitete Aalquappe in fingerlange Stücke schneiden, salzen und mit Senf dick bestreichen. Die Fischstücke in entsprechend große Stücke Alufolie einwickeln und im Ofen 35 bis 40 Minuten dünsten. Den Fisch mit Butter oder Eiersauce und Kartoffeln servieren.

Und der Tip am Rande

Wer Aalquappen nicht räuchert, verzichtet auf einen außerordentlichen Fischgenuß!

Aalmuttern, die delikaten „Grüngräter“ der Meeresküsten, können nach den Rezeptanleitungen der Aalquappen zubereitet und zusätzlich natürlich gegrillt und geräuchert werden.

Bouillabaisse, Bouillabaisse . . .

Mit diesem Ruf preisen die Fischhändlerinnen im „Alten Hafen“ von Marseille ihre Ware, die bunten phantasievoll gezeichneten Fischlein des Mittelmeeres an, die sich bald darauf in den Küchen der nahen Lokale mit Muscheln, Krebsen, Kräutern und scharfen Gewürzen zu jener legendären „Suppe“ vereinen, bei der die vom Safran gelb gefärbten Kartoffeln nicht fehlen.

Rossini, der berühmte Opernkomponist, sagte einmal: „Der volle Magen ist die Pauke des Vergnügens.“ Das Wort „Bouillabaisse“ dagegen ist ein Trompetensignal! Ein alamierender Appell an den Magen, eine gastronomische Marseillaise von aufreizender Melodik, die uns zwingt, sogleich eine Fischsuppe zu verzehren.

Zwischen Nizza, Toulon und Marseille ist die Bouillabaisse kein Rezept. Sie ist ein Sammelbegriff, eine nationale Möglichkeit, die es jedem Franzosen erlaubt, sich „seine“ Fischsuppe höchst individuell zu bereiten.

Auch ist es ein Irrtum zu glauben, daß wir hierzulande auf dieses fröhliche Orchester von Fischen verzichten müssen, weil die Fische des Mittelmeeres bei uns nicht erhältlich sind. Eine Fischsuppe nach Ihrer ureigensten Phantasie und mit Fisch aus unseren Flüssen und Meeren können auch Sie herstellen.

Bouillabaisse

Verschiedene Fische, z. B. Hecht, Zander, Barsch, Brassen, Aal, Dorsch, Scholle, Makrele, Hering (zusammen ca. 2000–2500 g) 750–1000 g Miesmuscheln, 5 Eßl. Öl, 2–3 Zwiebeln, 2–3 Knoblauchzehen, 250 g Tomaten, ½ Zitrone, 250 g Kartoffeln, evtl. etwas Suppenkraut, 2–2½ l Wasser, 1–2 Eßl. Salz, 1 Glas Sahne, 1 Glas Weißwein, Pfeffer oder Paprika.

Die Fische filetieren, Köpfe und Gräten zum Kochen vorbereiten. Die Zwiebeln, Knoblauchzehen und evtl. etwas Suppenkraut würfeln, in Öl andünsten und mit Wasser aufgießen. Die geschälten Kartoffeln, die in Scheiben geschnittenen Tomaten und die Zitrone sowie die Fischköpfe und -gräten in das Wasser geben, mit Salz würzen und ca. 30 Minuten kochen. Dann die Suppe durch ein Sieb streichen. Die Miesmuscheln gründlich reinigen, in kochendes Wasser geben und solange kochen, bis sie sich öffnen. Dann das Muschelfleisch auslösen; das Fischfilet in Streifen schneiden. Die durchpassierte Fischbrühe aufkochen, das Fischfilet und das Muschelfleisch hinzufügen und ca. 15 Minuten leicht kochen. Die Suppe zuletzt mit Sahne, Weißwein, Pfeffer oder Paprika abschmecken.

Hornfisch

Der Hornfisch, auch Hornhecht genannt, ist ein wenig bekannter Fisch von schlankem, langgestrecktem Körper mit blau-grünem Rücken, silberglänzenden Seiten und weißem Bauch; genauer gesagt ist er ein Raubfisch, der sein Metier schon durch sein Äußeres keineswegs verleugnet. Jedenfalls wirkt der langgestreckte, schnabelförmige Kiefer, dicht bestückt mit feinen aber spitzigen Zähnen, recht überzeugend. Er macht ausgiebig davon Gebrauch, um den Schwärmen der Jungfische nachzustellen. Zu diesem Zweck – aber auch um zu laichen – taucht er im Frühjahr gleich in großer Zahl im flachen Küstenwasser der Ost- und Nordsee auf.

Der Hornfisch ist recht wohlschmeckend und läßt sich zu zahlreichen Gerichten verwenden. Seine Gräten sind blaugrün – nicht erschrecken –, der Fisch ist weder vergiftet noch verdorben!

Man bereitet ihn vor wie üblich und teilt ihn, je nach Gewicht und Größe, in entsprechende Stücke.

Hornfisch in Kräutersauce

1–2 Hornfische, 1 l Wasser, 1 Lorbeerblatt, 1 Teel. Pfefferkörner, 1 Teel. Wacholderbeeren, 4 Nelken, 1–2 Zwiebeln, 1 Eßl. Salz, 1/8 l Essig, 20 g Butter, 20 g Mehl, 1/4 l Fischsud, Dosenmilch, 2–3 Eßl. gehackte Kräuter.

Den Hornfisch in etwa fingerlange Stücke schneiden. Das Wasser mit den Gewürzen und Essig aufkochen, die Fischstücke hineinlegen und 10 bis 15 Minuten ziehen lassen. Aus Butter und Mehl eine helle Mehlschwitze herstellen, mit Fischsud aufgießen, etwas Dosenmilch und gehackte Kräuter hinzufügen und abschmecken. Die garen Fischstücke in die Kräutersauce legen, etwas ziehen lassen und mit Kartoffeln und Salat auf den Tisch bringen.

Hornfisch in Weißwein

1–2 Hornfische, ¾ l Wasser, ⅛ l Weißwein, 1 Zwiebel, 1 Teel. Pfefferkörner, 2 Teel. Salz, evtl. einige Trokkenpilze, Saft einer halben Zitrone, 20 g Butter, 20 g Mehl, ¼ l Fischsud, evtl. Zucker, 1 kl. Dose Pfifferlinge.

Den vorbereiteten Hornfisch in fingerlange Stücke schneiden. Das Wasser mit der Zwiebel und den Gewürzen, evtl. Trockenpilzen, aufkochen und mit Weißwein und Zitronensaft abschmecken. Die Hornfischstücke in diesen Sud legen und 10 bis 15 Minuten gar ziehen lassen. Aus Butter und Mehl eine helle Mehlschwitze zubereiten, mit dem Fischsud aufgießen, die Pfifferlinge hinzufügen und mit Salz, evtl. etwas Zucker, abschmecken. Die Hornfischstücke in dieser Sauce und zu Kartoffeln und Salat servieren.

Hornfisch in Rotwein

1–2 Hornfische, ½ l Wasser, 1 Eßl. Salz, 1 Zwiebel, ⅜ l Rotwein, 1 Teel. Thymian, Zucker, 20 g Butter, 30 g Mehl, ¼ l Fischsud.

Den vorbereiteten Hornfisch in ca. fingerlange Stücke schneiden. Das Wasser mit der Zwiebel und dem Salz aufkochen, den Rotwein und Thymian hinzufügen und diesen Sud mit Zucker abschmecken. Sobald der Sud wieder kocht, die Hornfischstücke hineinlegen und 10 bis 15 Minuten gar ziehen lassen. Inzwischen aus Butter und Mehl eine dunkle Mehlschwitze zubereiten, mit Fischsud aufgießen und kräftig abschmecken. Die Hornfischstücke in der Sauce anrichten und mit Reis und Salat servieren.

Hornfisch gedünstet

1–2 Hornfische, 3 Eßl. Öl, 2 Zwiebeln, 1 Paprikaschote, 1 Tomate, 1 gestr. Teel. Salz, 1 Prise Pfeffer, 1 Löffelspitze Thymian, 1 Lorbeerblatt, 1 Glas Rotwein, evtl. Speisestärke, evtl. Oliven.

Den vorbereiteten Hornfisch in fingerlange Stücke schneiden. Die Zwiebel in Würfel schneiden. Von der Paprikaschote die Kerne entfernen und die Schote in Streifen schneiden, die Tomate in Scheiben schneiden. Die Zwiebelwürfel in dem Öl andünsten, die Paprikastreifen, die Fischstücke und Tomatenscheiben dazugeben, die Gewürze darüberstreuen und das Gericht in einer geschlossenen Pfanne ca. 10 Minuten dünsten. Nun den Rotwein dazugießen, aufkochen und abschmecken. Die Sauce nach Belieben mit etwas Speisestärke binden und mit Oliven anrichten. Als Beilage Reis wählen.

Hornfisch in Eiersauce

1–2 Hornfische, 2 Eßl. Butter, ½ Teel. Salz, 1 Prise Pfeffer, 1 Zitrone, 1–2 Bund Petersilie, 3 hartgekochte Eier.

Den vorbereiteten Hornfisch den Rücken entlang der Gräte aufschneiden und die Filets von der Rückengräte lösen. Die kleinen Gräten ebenfalls entfernen und die Filets in etwa fingerlange Stücke schneiden. Die Petersilie hacken, die Eier in Würfel schneiden. Die Butter schmelzen, Salz, Pfeffer, Petersilie, Zitronensaft und Eiwürfel hinzufügen, kurz dünsten und abschmecken. In diese Sauce die vorbereiteten Fischstücke legen und in 10 Minuten gar dünsten. Als Beilage Kartoffeln und Salat auf den Tisch bringen.

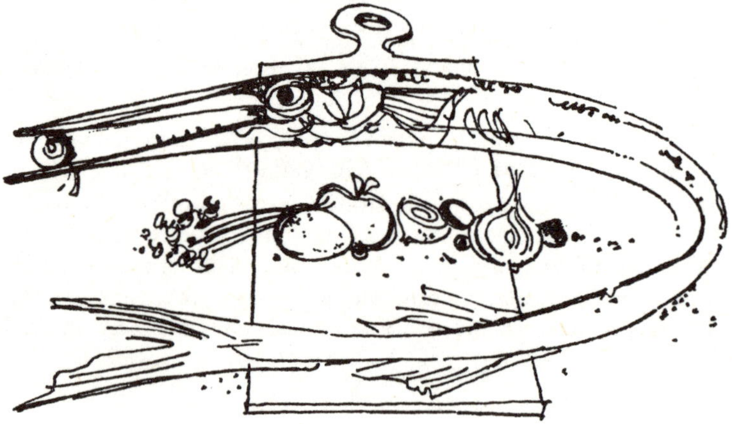

Pikante Hornfischschnitten

1–2 Hornfische, Salz, Pfeffer, ½ Zitrone, 3 Eßl. Tomatenketchup, 1 Ei, 2 Eßl. Parmesankäse, 3 Eßl. Semmelmehl, 3–4 Eßl. Öl.

Den vorbereiteten Hornfisch in zweifingerdicke Scheiben schneiden. Die Hornfischscheiben mit Salz und Pfeffer würzen, mit Zitronensaft beträufeln und eine halbe Stunde liegen lassen. Parmesankäse und Semmelmehl mischen, das Ei verschlagen. Die Hornfischscheiben zuerst mit Tomatenketchup bestreichen, dann in verschlagenem Ei, zuletzt in der Käse-Panade wenden und in Öl ca. 5 Minuten ausbacken. Diese Schnitten mit Teigwaren und Salaten servieren.

Fischspieße

1 Hornfisch, Salz, 1 Zitrone, 2 Tomaten, ½ Salatgurke, 3–4 Eßl. Öl.

Den vorbereiteten Hornfisch in daumendicke Scheiben schneiden. Die Hornfischscheiben salzen und mit Zitronensaft begießen. Die Tomaten und die Salatgurke in Scheiben schneiden und abwechselnd mit den Hornfischscheiben auf Spieße stecken. Öl in eine Pfanne gießen, die Fischspieße hineinlegen und bei schwacher Hitze ca. 10 Minuten braten; als Beilage sei Brot oder Reis empfohlen.

Pikante Fischbrote

1 Hornfisch, Salz, ½ Zitrone, 2 Eßl. Mehl, 3 Eßl. Öl, 4 Scheiben Weißbrot, 30 g Butter, 1 Tomate.

Den vorbereiteten Hornfisch in daumendicke Scheiben schneiden. Diese Scheiben von den Gräten lösen, salzen und mit Zitronensaft begießen. Diese Fischstreifen in Mehl wenden und 5 bis 10 Minuten in Öl braten. Die Weißbrotscheiben toasten, mit Butter bestreichen und mit den gebratenen Fischstreifen belegen. Die Schnitten mit Tomatenscheiben verzieren und mit Remouladensauce anrichten.

Hornfisch auf dem Holzkohlengrill

2 Hornfische, 1 Zitrone, Salz, Pfeffer, Origano, 80–100 g Butter.

Die vorbereiteten Hornfische den Rücken entlang der Gräte aufschneiden und die Filets von der Rückengräte lösen. Die kleinen Gräten ebenfalls entfernen und die Filets in ca. 15 cm lange Stücke schneiden. Die Fischstücke mit Zitronensaft beträufeln und mit Salz, Pfeffer und Origano kräftig würzen. Auf den Rost des Holzkohlengrills Alufolie spannen, diese mit Butter bestreichen, die Fischstücke darauflegen, ebenfalls mit Butter bestreichen und 20 bis 30 Minuten grillen. Nach 10 bis 15 Minuten die Fischstücke wenden, nochmals mit Butter bestreichen und fertig garen. Zu Kartoffelsalat oder Brot servieren.

Makrele

Die Makrele ist ein Raubfisch, ein Seeräuber, der sich von Heringen, Krebsen und Weichtieren ernährt. Dabei entwickelt sie eine ungewöhnliche Hast, und ihre Gier ist oft auch ihr Verhängnis. So wird sie für den Angler eine leichte Beute. Sie lebt im Atlantik, in der Nord- und Ostsee, aber auch in südlichen Meeren ist sie in ähnlichen Arten zu Hause.

Die Makrele ist ein feiner, fetter Fisch, der recht vielseitig und auf viele Arten zubereitet werden kann.

Sie wird vorbereitet wie auf Seite 18 beschrieben. Sie kann mit oder ohne Kopf verwendet werden, und auch die Gräten lassen sich leicht lösen. Aus der auseinandergeklappten Makrele zieht man sie vom Kopfende zum Schwanz hin heraus. Will man Filets verwenden, so werden diese nach obiger Vorbereitung einzeln von der Haut getrennt.

Gekochte Makrelen

4 Makrelen, 1 l Wasser, 1–2 Eßl. Salz, 1 Teel. Pfefferkörner, 1 Teel. Wacholderbeeren, 1 Lorbeerblatt, 1 Zwiebel, 1/16 l Essig.

Die Makrelen mit oder ohne Kopf vorbereiten. Das Wasser mit den Gewürzen zum Kochen bringen, die vorbereiteten Makrelen hineinlegen und 15 bis 20 Minuten gar ziehen lassen. Makrelen mit Butter, Kartoffeln und Salat anrichten.

Pikante Makrelenröllchen

4 Makrelen, Salz, Essig oder Zitronensaft, 1 Paprikaschote, 10 g Butter, 8 Holzspieße, 40 g Butter, 60 g Mehl, 1 Zwiebel, 1/2 l Flüssigkeit (evtl. etwas Dosenmilch), 1 Dose Tomatenmark, Salz, Zucker, Paprika.

Die Makrelen filetieren, säuern und salzen. Die vorbereitete Paprikaschote in feine Streifen schneiden und in 10 g Butter 3 bis 5 Minuten dünsten. Danach die Paprikastreifen auf die Makrelenfilets verteilen, die Filets zu Röllchen aufrollen und mit Holzspießen feststecken. Aus den angegebenen Zutaten eine dicke Tomatensauce herstellen, in eine Auflaufform gießen, die Makrelenröllchen hineinsetzen und auf der Kochstelle oder im Ofen 15 Minuten garen. (Im Backofen Beginn des Kochens beachten!) Als Beilage Kartoffeln und Salat vorbereiten.

Makrelen gedünstet *4 Makrelen, Essig, Salz, 1–2 Bund Suppenkraut, 2 Teel. Tomatenmark, 100 g durchwachsenen Speck, Bratfolie.*

Von den vorbereiteten Makrelen die Köpfe entfernen, anschließend säuern und salzen. Das Suppenkraut putzen und sehr fein schneiden oder in einem Fleischwolf zerkleinern und mit Tomatenmark vermischen. Diese Masse in die Makrelen füllen. Den Speck in feine Scheiben schneiden und um die Makrelen legen. Die Makrelen dann in je einen Bratfolienbeutel legen und im Backofen 30 bis 40 Minuten bei 220° dünsten. Die Makrelen mit Kartoffeln zu Tisch bringen.

Makrelen mit Pfifferlingen

2–4 Makrelen, Essig, Salz, 1 Zwiebel, 500 g frische oder 1 entsprechende Dose Pfifferlinge, 30 g Butter, 1 Becher Joghurt, 2 Eier.

Die Makrelen werden ohne Köpfe nach der 3-S-Methode vorbereitet. Die Zwiebel und die vorbereiteten Pfifferlinge recht klein schneiden und mit der Butter in einer Auflaufform im Ofen andünsten; dann die Makrelen darauflegen und noch ca. 30 Minuten dünsten.

In dieser Zeit die Eier mit Joghurt und etwas Salz verrühren, über die Makrelen gießen und das Gericht nochmals 15 Minuten überbacken. Als Beilage Kartoffeln anbieten.

Makrelen mit Paprika und Tomaten

2–4 Makrelen, Essig, Salz, 1 Paprikaschote, 2 Tomaten, 1 Zwiebel, 30–50 g Butter, evtl. 1 Eßl. Mehl.

Die Makrelen ohne Kopf nach der 3-S-Methode vorbereiten. Von der Paprikaschote die Kerne entfernen und die Schote in feine Streifen schneiden, die Tomaten und die Zwiebel in Scheiben schneiden. In eine gefettete Auflaufform die Makrelen legen und dazwischen Tomaten- und Zwiebelscheiben sowie die Paprikastreifen schichten. Die Makrelen mit Butterflöckchen belegen und im Ofen ca. 30 Minuten dünsten.

Sollen die Makrelen im Römertopf gegart werden, die Tomaten- und Zwiebelscheiben, sowie die Paprikastreifen und die vorbereiteten Makrelen in den gewässerten Römertopf legen. Butterflöckchen darüber verteilen und den Topf schließen. Die Makrelen je nach Größe 40 bis 50 Minuten bei 200° garen. Den entstandenen Sud nach Belieben zuletzt mit angerührtem Mehl binden. Als Beilage Kartoffeln servieren.

Gefüllte Makrelen

2 gr. Makrelen, Essig, Salz, 5 Eßl. gehackte Kräuter (Petersilie, Dill, Estragon, Thymian), etwas Zitronenschale, 1 Teel. Sardellenpaste, 1 Eßl. Semmelbrösel, 30 g Butter, ¼ l Wasser, Bratfolie.

Die Makrelen mit den Köpfen verwenden. Die gehackten Kräuter mit gehackter Zitronenschale, Sardellenpaste und Semmelbrösel vermischen und damit die nach der 3-S-Methode vorbereiteten Makrelen füllen. Die so gefüllten Makrelen mit Holzspießen zustecken, in eine gefettete Auflaufform stellen oder in Bratfolienbeutel legen, mit Butterflöckchen belegen und im Ofen ca. 25 bis 30 Minuten dünsten. Salat und Kartoffeln eignen sich als Beilage.

Makrelen und mögliche Beilagen. Rezepte Seite 118–122
(Photo: E. Rickwardt)

Gebratene Makrelen

4 Makrelen, Essig, Salz, Pfeffer, 3 Eßl. Mehl, 80 g Butter.

Von den vorbereiteten Makrelen die Köpfe entfernen, säuern und mit Salz und Pfeffer würzen. Die Fische in Mehl wenden und in der Pfanne von beiden Seiten goldbraun braten oder im Haushaltfritiergerät bei 170° je nach Größe 10 bis 16 Minuten fritieren. Mit Kartoffelsalat servieren.

Gebratene Makrelenfilets

4 Makrelen, Essig, Salz, 2–3 Eßl. Mehl, 60–80 g Fett, Zitrone, Petersilie.

Die Makrelen filetieren. Die Filets säuern und salzen, in Mehl wenden und in Fett goldbraun braten. Die Makrelenfilets mit Zitronenscheiben und Petersilie garnieren und mit einer kräftigen Rotweinsauce und Kartoffeln auf den Tisch bringen.

Makrelenragout

2–4 Makrelen, 30 g Butter, 1 Zwiebel, ¼ l Wasser, ⅛ l Weißwein, 1 Teel. Salz, ½ Teel. Pfeffer, ½ Teel. Wacholderbeeren, 1 Zitrone, evtl. ½ Teel. Zucker, 5 Eßl. Semmelbrösel.

Die vorbereiteten Makrelen in ca. fingerlange Stücke schneiden. Die Zwiebel kleinschneiden und in der Butter dünsten, das Wasser und den Wein hinzugießen, die Gewürze und die in Scheiben geschnittene Zitrone dazugeben und diesen Sud zum Kochen bringen. Dann die Makrelenstücke in den Sud legen und ca. 10 Minuten ziehen lassen. Den Sud mit Semmelbrösel binden und das Ragout mit Reis servieren.

Makrelen vom Holzkohlengrill

2–4 Makrelen, 1–2 Zitronen oder Essig, Salz, Pfeffer, Origano, 1–2 Bund Petersilie, 60–80 g Butter.

Die vorbereiteten Makrelen säuern, später mit Salz, Pfeffer und Origano kräftig würzen. Die Petersilie hacken und in die Makrelen füllen. Die Makrelen mit Butter bestreichen und mit einer Grillzange über der Holzkohlenglut je nach Größe 30 bis 40 Minuten garen. Die Makrelen zwischendurch mit Butter bestreichen und wenden. Als Beilage eignen sich Kartoffelsalat oder Salzkartoffeln und Kräuterbutter.

Kennen Sie den sanften Schmerz, der uns zuweilen vor der Auslage eines Delikateßgeschäftes befällt, beim Anblick lecker angerichteter Platten, von denen uns leider die Schaufensterscheibe trennt?

Ähnlich raffinierte Spiele treibt mit uns die charmante Hausfrau, wenn sie verführerisch bereitete Dinge in Aspik legt!

Der Leckerbissen scheint unserem direkten Zugriff vorerst entzogen, eingelagert hinter einer Wand, die sich bei näherer Untersuchung weniger trennend erweist als das zuvor erwähnte Schaufensterglas.

Makrelenschnitten in Gelee

1–2 Makrelen, ½ l Wasser, 2 Teel. Salz, ½ Teel. Pfeffer, 6 Wacholderbeeren, 1 Lorbeerblatt, 1 Zwiebel, 3 Eßl. Essig, 1 Päckchen Pulvergelatine, 1 Gewürzgurke, 1 Karotte.

Die vorbereiteten Makrelen in etwa fingerdicke Scheiben schneiden. Das Wasser mit den Gewürzen zum Kochen bringen, die Makrelenscheiben hineinlegen und 10 bis 15 Minuten gar ziehen lassen. Die Makrelenscheiben dann aus dem Sud nehmen, den Sud wieder zum Kochen bringen und die Gelatine darin auflösen. Das Aspik wie unter „Auch das sollten Sie wissen“ beschrieben, herstellen mit einem Muster aus Gewürzgurken und Karottenscheiben. Danach die Makrelenscheiben drauflegen und mit der restlichen Aspikflüssigkeit aufgießen. Wenn diese fest ist, die Makrelenschnitten auftragen und Bratkartoffeln als Beilage geben.

Hering

Wäre Hering so teuer wie Hummer, so würde er in allen Kreisen als Leckerbissen gelten. Bismarck

Der Hering ist der bekannteste und mit am häufigsten gefangene Seefisch. Besonders von Juli bis Oktober wird er zwischen den Shetlandinseln und dem Ärmelkanal in gewaltigen Mengen gefangen und erreicht, meist auf hoher See schon vorverarbeitet und auf Eis gepackt, die Häfen und den Großhandel. Auch der Sportangler kann ihn zu Dutzenden fangen, wenn im Frühjahr die Heringsschwärme die Küsten erreichen.

Tatsächlich ist dem Hering ein Loblied zu singen, zumal der Wohlgeschmack sich durch die verschiedensten Zubereitungsarten willig steigern und variieren läßt.

Ein schwedisches Kochbuch zählt 150 Heringsgerichte auf zum „Smørgåsbrød", und noch beim „Kater" erweist sich der Hering als nützlich.

Frisch gefangen, präsentiert er sich als „grüner Hering", geräuchert als „Bückling", und unter „Matjeshering" versteht man den eingesalzenen, noch nicht mit Laich gefüllten Jungfernfisch, während die ganz jungen, noch nicht ausgewachsenen Heringe geräuchert als „Kieler Sprotten" eine bekannte Spezialität sind, und „sauer" schmiegt er sich schließlich als „Rollmops" um eine Gurke. Der frische „grüne Hering" wird geschuppt und am besten wie die Kleinbarsche vorbereitet.

Heringe gekocht

4–8 Heringe, Sud: 1 l Wasser, 1 Tasse Essig, 1–2 Eßl. Salz, 2 Zwiebeln, 1 Teel. Pfefferkörner, 1 Lorbeerblatt.

Die vorbereiteten Heringe nach Belieben rund legen und mit Stäbchen befestigen. Das Wasser mit den Gewürzen zu einem kräftigen Sud kochen, die Heringe hineinlegen und 10 bis 15 Minuten gar ziehen lassen. Die Heringe mit Kräuterbutter, Salzkartoffeln und Salat servieren.

Heringe mit Kräutern

4–8 Heringe, 3 Eßl. Essig, 1 Eßl. Salz, 1 Bund Dill, 1 Bund Zitronenmelisse, 1 Bund Estragon, 1 Bund Petersilie, 40 g Butter, Alufolie.

Die Heringe filetieren, säuern und salzen. Die Kräuter hacken und auf die Heringsfilets verteilen. Die Filets aufrollen und zusammenstecken. Alufolie in passender Größe schneiden, mit Butter bestreichen, die Heringsröllchen daraufsetzen, mit Butterflöckchen belegen und die Alufolie darüber zusammenfalten. Diese Päckchen im Kartoffeldämpfer oder im Schnellkochtopf gleichzeitig mit den Kartoffeln garen. Als Beilage eignen sich Kartoffeln und Salate.

Heringe gedünstet

4–8 Heringe, Essig, Salz, 1 Paprikaschote, 3 Tomaten, 1 Zwiebel, 40 g Butter, evtl. 1 Eßl. Mehl.

Die vorbereiteten Heringe säuern und salzen, mit etwas Butter bestreichen und mit der restlichen Butter in eine Pfanne legen. Die Paprikaschote entkernen und in Streifen schneiden, die Tomaten schälen und vierteln, die Zwiebel würfeln. Die so vorbereiteten Zutaten über die Heringe verteilen und die Heringe in der zugedeckten Pfanne ca. 20 Minuten dünsten. Den entstandenen Sud evtl. mit etwas Mehl binden.

Die Heringe können auch einzeln mit den vorbereiteten Zutaten in Bratfolienbeutel gelegt werden. Beutel gut verschließen, mit der Gabel mehrmals einstechen und im Backofen 30–40 Minuten bei 220° dünsten. Als Beilage Kartoffeln servieren.

Heringe gebraten, frisch und eingelegt

1000 g Heringe, Essig, Salz, 3 Eßl. Mehl, 80–100 g Butter.
Marinade: ¼ l Wasser, ½ l Essig, 1–2 Zwiebeln, 2 Teel. Senfkörner, 1 Teel. Pfefferkörner, 1 Lorbeerblatt, 1 Eßl. Salz, etwas Zucker.

Die vorbereiteten Heringe säuern und salzen, in Mehl wenden und in der Pfanne von beiden Seiten goldbraun braten. Als Beilage schmeckt Kartoffelsalat.

Der so zubereitete Fisch eignet sich vorzüglich zum Einlegen in Essigmarinade: Die abgekühlten Heringe in eine Schüssel legen. Das Wasser mit den Gewürzen aufkochen und – ebenfalls abgekühlt – über die gebratenen Heringe gießen. Gut durchziehen lassen. Die Fische halten sich etwa 5 Tage. Bratheringe zu Kartoffeln oder Brot essen.

Eine Variante speziell für den Holzkohlengrill: Die nach der 3-S-Methode vorbereiteten Heringe innen mit Tomatenmark bestreichen und mit Origano würzen. Die Heringe außen mit Butter bestreichen und mit der Grillzange ca. 30 Minuten über der Holzkohlenglut braten.

Für gebratene Heringe, jenes ebenso schlichte wie wohlschmeckende Rezept, benötigen Sie nicht unbedingt Ihre Küche! Auch auf einem Zeltplatz an nördlichen Küsten wird Ihnen dieses Gericht gelingen.

Heringsröllchen in Aspik

4–8 Heringe, 1 l Wasser, 1 Tasse Essig, 1–2 Eßl. Salz, 2 Zwiebeln, 1 Lorbeerblatt, 1 Teel. Pfefferkörner, 1 Teel. Senfkörner, 1 Päckchen Pulvergelatine, 1 Gewürzgurke, 1 Karotte.

Die Heringe filetieren, zu Röllchen legen und feststecken. Das Wasser mit den Gewürzen aufkochen, die Heringsröllchen hineinlegen und ca. 10 Minuten ziehen lassen. Aus ½ l Fischsud und Pulvergelatine wie unter „Auch das sollten Sie wissen“ beschrieben Aspik herstellen und auch in gleicher Weise einlegen. Brot oder Bratkartoffeln als Beilage reichen.

Heringe, sauer eingelegt

1000 g Heringe, ¼ l Wasser, ½ l Essig, 1–2 Zwiebeln, 1 Lorbeerblatt, 1 Teel. Senfkörner, 1 Teel. Pfefferkörner, 1 Eßl. Salz, 1 Teel. Zucker, 1 Bund Kräuter.

Die vorbereiteten Heringe entgräten und mit den Kräutern in eine Schüssel legen. Das Wasser mit den Gewürzen aufkochen und abgekühlt über die Heringe gießen. Die Heringe mindestens 3 Tage in der Marinade ziehen lassen. Brat- oder Pellkartoffeln sind hier die geeignete Beilage.

Rollmöpse . . .

Hat der Rollmops seinen Namen in Berlin bekommen? Dort jedenfalls fehlt er in keiner Kneipe und Destille. Er hat seinen festen Platz auf der „Theke" zwischen „Bouletten", Eisbein und „Knackern", ein saftiger, saurer Happen, frei von sozialen Schranken, geschätzt vom Milchmann bis zum Minister. Der Verkaterte ergreift ihn als rettenden Regulator des Leibes, um den durch Alkoholika strapazierten Salzhaushalt des Körpers wieder einzupendeln, der bacchantisch Besonnene ergreift ihn schon vor dem ersten Glase Bier. Alle aber ergreifen ihn an dem Zahnstocher, der den gerollten Mops zusammenhält, und angeln ihn dort aus dem Essig. Also schreiten auch wir zur Tat und – den Zutaten:

Rollmöpse

4–8 Heringe, 1 Eßl. Senf, 1–2 Gewürzgurken, 2–3 Zwiebeln, ¼ l Wasser, ½ l Essig, 1 Lorbeerblatt, 2 Teel. Senfkörner, 1 Teel. Pfefferkörner, 2 Eßl. Salz, 1 Teel. Zucker.

Die Heringe filetieren, die Gewürzgurke in Streifen und die Zwiebeln in Ringe schneiden. Die Heringsfilets zuerst dünn mit Senf bestreichen, dann

mit Gewürzgurkenstreifen und kleinen Zwiebelringen belegen. Die Filets aufrollen und mit Holzstäbchen feststecken. Die restlichen Zwiebelscheiben mit dem Wasser und den Gewürzen aufkochen und abgekühlt über die Rollmöpse gießen. Die Rollmöpse mindestens drei Tage in der Marinade ziehen lassen.

Dann serviert, vertragen sie sich recht gut mit Pellkartoffeln. „Und", hört man den Chor der Männer rufen, „mit einem Glase Bier!" . . .

Salat aus „sauren" Heringen

3 sauer eingelegte Heringe, 500 g gekochte Kartoffeln, 250 g Äpfel, 2 Gewürzgurken, 1 Zwiebel, 5 Eßl. Öl, 1 Teel. Senf, 1 Teel. Zucker, 1 Teel. Salz, 3 Eßl. Essig.

Die Heringe, die Kartoffeln, die geschälten Äpfel, die Gewürzgurken und die Zwiebel in Würfel schneiden und mit einer Marinade aus Öl, Senf, Zucker, Salz und Essig einmarinieren. Den Salat einige Stunden durchziehen lassen und nochmals abschmecken.

Salzheringe, mariniert und mit Äpfeln

Marinierte Heringe

4–8 Salzheringe, 1 Lorbeerblatt, 1 Teel. Pimentkörner, 1 große Zwiebel, 2 Becher saure Sahne, 3 Eßl. Essig.

Die Salzheringe wässern, filetieren und dann in eine Schüssel legen. Die Gewürze und Zwiebelscheiben über die Heringe verteilen. Heringsmilch feinhacken, mit Essig verquirlen, durch ein Sieb streichen und mit der sauren Sahne verrühren. Diese Masse über die Heringe gießen und gut durchziehen lassen, evtl. nochmals abschmecken. Als Beilage eignen sich Pellkartoffeln.

Was ein Graf von Northumberland gegen Ende des 15. Jahrhunderts zu essen pflegte, hat uns die Chronik überliefert: Sein Mittagsmahl bestand aus zwei Stücken gesalzenen Fisches, sechs gesalzenen oder vier frischen Heringen oder aus einem Teller voll Sardellen. An den keineswegs häufigen Fleischtagen kam eine Hammelkeule oder ein Stück gekochtes Rindfleisch dazu.

Sie sehen – die Engländer arbeiten an ihrer schlanken Linie schon seit Jahrhunderten und nicht jeder aß so viel wie Heinrich VIII.

Heringe mit Äpfeln

4–8 Salzheringe, 1 kl. Stange Meerrettich, 4 Äpfel, 2 Becher Joghurt, evtl. Salz, Zucker, etwas Dosenmilch.

Die Salzheringe wässern und filetieren. Die Meerrettichstange und die Äpfel schälen und reiben. Meerrettich und Äpfel mit Joghurt vermengen und in diese Masse die Filets legen und einige Stunden ziehen lassen. Dann abschmecken und evtl. mit Salz und Zucker nachwürzen. Wenn die Masse zu dick ist, mit etwas Dosenmilch verdünnen. Als Beilage Pellkartoffeln kochen.

Salzheringe in Salaten

Heringssalat (weiß)

3 Salzheringe, 300 g Äpfel, 150 g Gewürzgurken, 1–2 Zwiebeln, 100 g Mayonnaise, 1 Teel. Senf, 1 kl. Röhrchen Kapern, etwas Dosenmilch, 3 bis 4 Eßl. Essig, Salz, Zucker.

Die Salzheringe wässern, filetieren und in Würfel schneiden. Die geschälten Äpfel, die Zwiebeln und die Gewürzgurken würfeln. Die Mayonnaise mit Senf, gehackten Kapern, Essig und Dosenmilch verrühren und über die vorbereiteten Zutaten gießen. Den Salat einige Stunden durchziehen lassen, nochmals abschmecken und mit Kartoffeln oder Brot servieren.

Polnischer Heringssalat (rot)

3 Salzheringe, 500 g gekochte Kartoffeln, 250 g gekochte Rote Beete, 2 Äpfel, 2 Gewürzgurken, 1 Zwiebel, 6 Eßl. Essig, 6 Eßl. Öl, 1 Teel. Senf, evtl. etwas Salz und Zucker.

Die Salzheringe wässern, filetieren und in Würfel schneiden. Kartoffeln, Rote Beete und Äpfel schälen und klein schneiden. Gewürzgurken und Zwiebeln fein würfeln. Aus Essig, Öl und Senf eine Marinade zubereiten, mit den vorbereiteten Zutaten einige Stunden durchziehen lassen und nochmals abschmecken.

Bunter Heringssalat

4 Salzheringe, 1 Paprikaschote, 4 Tomaten, 1 Zwiebel, 4 Eßl. Essig, 4 Eßl. Öl.

Die Salzheringe wässern, filetieren und in Würfel schneiden. Die Paprikaschoten entkernen und in Streifen schneiden. Die Tomaten und die

Zwiebel schälen und würfeln. Diese Zutaten mit Essig und Öl einmarinieren, einige Stunden ziehen lassen und evtl. noch nachwürzen. Den Salat mit Brot oder Kartoffeln servieren.

Bücklinge im Topf und in der Pfanne

Bückling in der Pfanne

4 Bücklinge, etwas Butter.

Die Bücklinge mit etwas Butter langsam in der Pfanne erwärmen und sofort mit Brot servieren.

Nudelauflauf mit Bückling

3–4 Bücklinge, 250 g Nudeln, Salzwasser, 2 Eier, ¼ l Milch, etwas Salz, 1 Eßl. Semmelbrösel, 1 Eßl. geriebenen Käse, 20 g Butter.

Von den Bücklingen Haut und Gräten entfernen. Die Nudeln in Salzwasser gar kochen und abgießen. Die Nudeln und die Bücklingsstücke abwechselnd in eine gefettete Auflaufform schichten. Die Eier mit der Milch und etwas Salz verrühren und über die eingeschichteten Zutaten gießen. Den Auflauf mit Semmelbrösel und geriebenem Käse bestreuen, mit Butterflöckchen belegen und im Ofen ca. 25 Minuten überbacken. Als Beilage Salat servieren.

Bücklingssalat

4 Bücklinge, 4 Eier, 1 kl. Zwiebel, 1 Gewürzgurke, 60 g Mayonnaise, etwas Dosenmilch, 2 Eßl. Essig, etwas Salz und Zucker.

Von den Bücklingen Haut und Gräten entfernen. Die hartgekochten Eier in Scheiben schneiden, die Gewürzgurke und die Zwiebel fein würfeln. Die Mayonnaise mit Dosenmilch verdünnen, mit Essig, Salz und Zucker nachwürzen, Zwiebel- und Gurkenwürfel dazugeben und zuletzt vorsichtig mit den Bücklingsstücken und den Eiern vermengen.

Dorsch (Kabeljau)

Wer will mit uns nach Island ziehn,
den Kabeljau zu fangen
und zu fischen nach Verlangen...
(Aus einem alten Seemannslied)

Der Dorsch ist einer der bekanntesten Seefische, der je nach Größe noch einen zweiten Namen hat: Im jugendlichen Alter – und in der Ostsee, wo er ohnehin nur in kleineren Exemplaren anzutreffen ist – wird er Dorsch genannt. In der Nordsee, wo er gewichtiger wird, heißt er allgemein Kabeljau.

Der Kabeljau ist ein Raubfisch mit schier unbegrenztem Appetit, andererseits der unentbehrliche Lieferant des Lebertrans. Letzteren verschmähen Kinder oft von Herzen, obwohl er ihnen so gut tut, während die Erwachsenen die Dorschleber als wohlschmeckend empfinden und sie höchst freiwillig verzehren.

Der getrocknete Dorsch oder Kabeljau verwandelt sich schließlich in den „Stockfisch" – eine Konservierungsart, die schon die alten Ägypter in ihren Vorratskammern betrieben, während wir heute die Bezeichnung auch noch anwenden auf einen etwas konversationsarmen und steifen Gast: „Er sitzt da wie ein Stockfisch"!

Wichtiger jedoch ist für uns das zarte Fleisch des Dorsches und seine vielseitige Verwendung als Speisefisch.

Vorbereitet wird er wie auf Seite 18 beschrieben. Er läßt sich im ganzen, in Stücken oder als Filet verarbeiten. Vorsicht bei Dorschfilets – sie sind empfindlich und zerfallen leicht; Kabeljau erweist sich in diesem Punkte als vorteilhafter.

Dorschfilets paniert *1 Dorsch (1000–1500 g), Essig, Salz, 2 Eßl. Mehl, 1 Ei, 3 Eßl. Semmelmehl, 60 g Butter.*

Den Dorsch filetieren, die Filets dann säuern und salzen. Die Filets zuerst in Mehl, dann in verschlagenem Ei, zuletzt in Semmelmehl wenden und in Butter von beiden Seiten goldbraun braten oder im Fritiergerät 7 bis 8 Minuten bei 170° fritieren. Dazu empfiehlt sich Kartoffelsalat.

Dorschfilets im Backteig

1 Dorsch (1000–1500 g), Essig, Salz, 150 g Mehl, 1 Ei, etwas Wasser, 125 g Kokosfett.

Die hergerichteten Dorschfilets säuern und salzen. Das Mehl mit Ei und etwas Wasser zu einem dickflüssigen Eierkuchenteig verrühren und mit Salz würzen. Die Filets im Teig wenden und in Kokosfett ca. 5 Minuten gar backen oder im Fritiergerät bei 170° 7 bis 8 Minuten fritieren. Die beste Beilage ist Kartoffelsalat.

Dorsch auf Tomaten

1 Dorsch (ca. 1000 g), 500 g Tomaten, 1 Zwiebel, 150 g durchwachsenen Speck, Salz, Essig.

Den vorbereiteten Dorsch salzen und säuern. Die Tomaten zuerst überbrühen und die Haut abziehen, dann in Scheiben schneiden. Die Zwiebel würfeln, den Speck zum Teil in Streifen, zum Teil in Würfel schneiden. Die Speckstreifen auf den Dorsch legen und mit Holzspießchen befestigen. In eine Auflaufform zuerst die Speckwürfel, darauf die Tomatenscheiben und Zwiebelwürfel geben und den Dorsch darauf legen. Den Dorsch im Backofen ca. 30 Minuten dünsten und mit Kartoffeln servieren. Der Dorsch kann auch im Bratfolienschlauch gegart werden. Dafür die Speck-, Tomaten- und Zwiebelwürfel in den Dorsch füllen. Die Folie gut verschließen, mehrmals mit der Gabel einstechen und den Dorsch im Backofen bei 220° ca. 40 Minuten garen.

Dorsch in Rotwein gedünstet

1 Dorsch (1000–1500 g), Essig, 1–2 Teel. Salz, 3 Eßl. Öl, 1 Zwiebel, 1/8 l Rotwein, 1 Löffelspitze Thymian, evtl. 1 Kartoffel, 2 Eßl. Semmelmehl, 2 Eßl. Parmesankäse, 20 g Butter.

Den vorbereiteten Dorsch säuern und salzen. Die Zwiebel fein schneiden und in dem Öl andünsten, den Rotwein hinzugießen und den Sud mit Salz und Thymian abschmecken. Den Dorsch in den Sud stellen, damit er besser hält, eine geschälte Kartoffel in den Bauch legen und 25 Minuten dünsten.

Dieses Gericht kann auch im Römertopf zubereitet werden. Dafür die angedünsteten Zwiebeln sowie alle anderen Zutaten in den gewässerten Römertopf geben, den Topf schließen und 40 Minuten bei 200° im Backofen dünsten.

Inzwischen das Semmelmehl mit dem Parmesankäse vermischen, über den gedünsteten Dorsch streuen, flüssige Butter darübergießen und noch 10 Minuten im Ofen überbacken. Dieses Gericht mit Reis oder Kartoffelnudeln und Salaten zu Tisch bringen.

Dorsch-Sülzkotelett

4 Dorschkoteletts, 3/4 l Wasser, 6 Eßl. Essig, 2 Teel. Salz, 1 Lorbeerblatt, 1 Teel. Wacholderbeeren, 1 Teel. Pfefferkörner, 2 Päckchen Pulvergelatine, 1 Ei, 1 Gewürzgurke.

Wasser, Essig und die angegebenen Gewürze aufkochen, die gut gesäuberten Dorschkoteletts in den Sud legen und etwa 15 Minuten gar ziehen lassen. Die Fischkoteletts zum Abkühlen auf eine Platte legen und vorsichtig die Gräten entfernen. Den Sud filtern und in 1/4 l Sud die Pulvergelatine auflösen, den restlichen Sud hinzugießen und abschmekken. Das Aspik wie unter „Auch das sollten sie wissen“ mit einem aparten Muster aus Ei- und Gurkenscheiben vorbereiten. Danach die Fischkoteletts in die Form legen, mit der Aspikmasse auffüllen und fest werden lassen. Die Sülzkoteletts gestürzt anrichten und als Beigabe zwischen Bratkartoffeln und Brot wählen.

Gekochter Dorsch

1 Dorsch (1000–1500 g), 1–2 l Wasser, 1–2 Eßl. Salz, 1–2 Teel. Pfefferkörner, 1 Teel. Senfkörner, 1 Teel. Wacholderbeeren, 1 Lorbeerblatt, 1/8 bis 1/4 l Essig, 1–2 Zwiebeln, evtl. 1 Bund Suppenkraut.

Das Wasser mit den Gewürzen, der ganzen Zwiebel und nach Geschmack mit dem geputzten Suppenkraut zu einem herzhaften Sud kochen. Danach den vorbereiteten Dorsch im ganzen oder in Stücken hinzugeben und 15 bis 20 Minuten gar ziehen lassen. Den gekochten Dorsch mit Senf- oder Meerrettichsauce und Kartoffeln anrichten.

Fischbraten aus Dorschfilet

1–2 Dorsche, Zitronensaft oder Essig, Salz, 3 Tomaten, 1 Paprikaschote, ½ Salatgurke, 1–2 Zwiebeln, 150 g Schinkenspeck.

Den Dorsch filetieren, die Filets mit Zitronensaft oder Essig säuern und dann salzen. Die Tomaten und die geschälte Gurke in Scheiben schneiden. Die Paprikaschote von den Kernen befreien und in Streifen schneiden, die Zwiebel und das Magere des Schinkenspecks würfeln. Den fetten Speck in Keile schneiden. Die Filets mit vorbereitetem Gemüse und Schinkenspeck belegen, das nächste Filet darauflegen, nochmals Gemüse darauflegen. Das letzte Filet mit den Speckkeilen spicken und den so zubereiteten Fischbraten im Backofen ca. 40 Minuten braten. Das Gericht mit Salzkartoffeln servieren.

Fischrouladen

1–2 Dorsche, Essig, Salz, 2–3 Tomaten, 1 Zwiebel, 60 g Schinkenspeck, 30 g Butter, etwas Wasser, 10 g Mehl.

Zu Fischrouladen den Dorsch filetieren und die Filets säuern und salzen. Die geschälten Tomaten in Scheiben, die Zwiebel in Ringe, den Schinkenspeck in Würfel schneiden. Die Dorschfilets mit den Schinkenwürfeln, den Tomatenscheiben und Zwiebelringen belegen und zu Rouladen aufrollen. Die Rouladen mit Holzstäbchen oder Faden befestigen, in Mehl wenden, in Butter anbraten und mit wenig Wasser aufgießen. Die Rouladen in der Sauce ca. 15 bis 20 Minuten schmoren und die Sauce kräftig abschmecken. Die Fischrouladen mit Reis und Kopfsalat servieren.

Dorschröllchen mit Pilzfüllung

1 Dorsch (1000–1500 g), Salz, 125 g Pfifferlinge, 1 kl. Zwiebel, 20 g Butter, 1 Eßl. Semmelmehl, 2 Eier, ¼ l Sauermilch, Pfeffer.

Den Fisch filetieren und der Länge nach in 8 gleiche Streifen schneiden, danach salzen. Die gut gesäuberten Pfifferlinge fein schneiden, die Zwiebel würfeln und beides etwa 10 Minuten in Butter dünsten. Dann das Semmelmehl und 1 Eiweiß zugeben und gut miteinander vermengen. Diese Füllung auf die Dorschstreifen streichen, die Streifen zu Röllchen aufrollen und mit Holzspießchen feststecken. Diese Röllchen aufrecht in eine gefettete Auflaufform stellen. Eigelb, Ei und Sauermilch verrühren, mit Salz und Pfeffer würzen und über die Röllchen gießen. Die Röllchen im Backofen ca. 30 Minuten garen und mit Reis und Kopfsalat servieren.

Fischgulasch

1 Dorsch (1000–1500 g), 3 Eßl. Öl, 1 Zwiebel, 1 Teel. Salz, 2 Teel. Mehl, 1/8 l Wasser, 1/8 l Weißwein, 1 Eßl. Tomatenmark, 1 Teel. Zucker, etwas Paprika.

Den Dorsch filetieren, in grobe Würfel schneiden und in Mehl wenden. Die gewürfelte Zwiebel in Öl andünsten, die Fischwürfel dazu geben, gut anbraten und mit Wasser und Weißwein aufgießen. Dann Gewürze und Tomatenmark zugeben, aufkochen lassen und die Sauce abschmecken. Das Fischgulasch etwa 10 Minuten durchziehen lassen. Dazu Reis und Salat servieren.

Pomuchel...
nennen die Ostpreußen ihren Lieblingsfisch aus der Ostsee, den Dorsch. „Pomuchel" mit Kartoffeln und einer Sauce aus gemahlenem gelben Senf aß man in Danzig, Pillau und Königsberg, aber auch an Pommerns Küsten. „Dämlicher Pomuchelskopp" – diese freundlich-grobe Titulierung entsprach dem „ollen Schafskopp" des Binnenlandes – war aber um einige Grade zartfühlender, denn der dicke Kopf des Dorsches schmeckt, richtig zubereitet, delikat!

Fischsalat mit Erbsen

Fischreste oder 1 Dorsch (ca. 1000 g), ½ l Wasser, 1 Teel. Salz, 1/16 l Essig, ½ Teel. Pfefferkörner, ½ Teel. Senfkörner, 1 Lorbeerblatt, 500 g Erbsen, ½ Tasse Salzwasser, etwas Zucker, 1 Gewürzgurke, 2–3 Tomaten, 1 Zwiebel, 2 bis 3 Eßl. Essig, 1 gestr. Teel. Salz, 1 gestr. Teel. Zucker, 3 Eßl. Öl, ½ Teel. Senf, 50g Mayonnaise – nach Belieben.

Das Wasser mit den Gewürzen zum Kochen bringen, den gut gesäuberten Dorsch hineinlegen und 15 bis 20 Minuten ziehen lassen. Von dem garen Dorsch Haut und Gräten entfernen, das Fischfleisch in entsprechende Stücke zerlegen und diese abkühlen lassen. Inzwischen die Erbsen enthülsen, mit einer Prise Zucker in etwas Salzwasser weichkochen und ebenfalls abkühlen lassen. Die Gewürzgurke, die Tomaten und die Zwiebel in Würfel schneiden und mit den abgekühlten Erbsen und dem Fisch vermengen. Essig, Salz, Zucker, Senf und Öl verrühren, über die vorbereiteten Zutaten gießen und den Salat gut durchziehen lassen. Als Beilage wählen zwischen Kartoffeln und Brot.

Schellfisch

Der Schellfisch durchquert die Meere von der Nordsee bis weit in den Atlantik und zeigt sich auch im küstennahen Wasser. Sein brauner Rücken über dem silberfarbenen Bauch läßt nicht sofort vermuten, daß er besonders seines weißen fettarmen Fleisches wegen beliebt ist. Schellfisch wird vorbereitet wie auf Seite 18 beschrieben.

Gekochter Schellfisch

1 Schellfisch (1000–1500 g), Essig, Salz, 1–2 l Wasser, 1 Bund Suppenkraut, 1–2 Eßl. Salz, 1 Teel. Pfefferkörner, 1 Lorbeerblatt.

Den vorbereiteten Schellfisch im ganzen oder in Stücken verwenden (für Stücke wird weniger Fischsud benötigt). Aus Wasser, geputztem Suppenkraut und den Gewürzen einen kräftigen Sud kochen, den Schellfisch hineinlegen und ca. 20 Minuten ziehen lassen. Schellfisch mit Kartoffeln und Senfsauce servieren.

Gefüllter Schellfisch

1 Schellfisch (1000–1500 g), Essig, Salz, 200 g Fischfilet, 50 g Semmelbrösel, 1 Ei, 1 Zwiebel, 1 Bund Petersilie, 50 g Speck.

Den vorbereiteten Schellfisch säuern und salzen. Das Fischfilet im Fleischwolf zerkleinern, mit Ei, Semmelbrösel, geriebener Zwiebel und gehackter Petersilie vermischen und mit Salz abschmecken. Diese Masse in den Fisch füllen und den Fisch mit Holzstäbchen zustecken. Den Speck würfeln, in eine Pfanne, Auflaufform oder einen gewässerten Römertopf geben, den Fisch daraufstellen und im vorgeheizten Ofen ca. 30 Minuten, im Römertopf 60 Minuten bei 200° dünsten. Den Fisch während des Dünstens wiederholt mit Fett bestreichen. Als Beilage eignen sich Kartoffeln, Erbsen und Karotten.

Fischspieße. Rezept Seite 117

Fischreste auf Ei, mit Kaviar angerichtet (Photos: E. Rickwardt)

Schellfisch mit Porree

1 Schellfisch (1000–1500 g), Essig, Salz, Pfeffer, 100 g Butter, 150 g Porree, 1 Ei, ⅛ l Milch.

Den Schellfisch filetieren, die Filets säuern und mit Salz und Pfeffer würzen. Den Porree putzen, in Scheiben schneiden und in der Butter ca. 5 Minuten andünsten. Das Schellfischfilet mit dem Porree in eine feuerfeste Form legen und ca. 25 Minuten im Ofen dünsten. Das Ei mit der Milch verquirlen, über den garen Fisch gießen und noch weitere 5 bis 10 Minuten ziehen lassen. Das Gericht mit Salzkartoffeln servieren.

Schellfisch im Backteig

1 Schellfisch (1000–1500 g), Essig, Salz, 150 g Mehl, Wasser, 1 Ei, 100–150 g Kokosfett.

Den Schellfisch filetieren, in Portionsstücke schneiden, säuern und salzen. Aus Mehl, Wasser und Ei einen Eierkuchenteig herstellen und mit Salz abschmecken. Die Fischstücke zuerst in Mehl wenden, dann in den Eierkuchenteig tauchen und in Kokosfett in der Pfanne oder im Haushaltsfritiergerät 7 bis 8 Minuten bei 170° ausbacken. Als Beilage eignet sich Kartoffelsalat.

In früheren Zeiten scheiterte der Appetit auf frische Seefische übrigens meist an der Transportfrage. Hochgestellte Personen bedienten sich reitender Boten.

Ludwig XIV., nicht recht befriedigt von den eigenen Karpfenteichen, ließ sich sogar lebende Rheinkarpfen nach Paris schicken, was sich ebenfalls als ein Problem erwies. Denn der Versuch, die Karpfen in „Narkose" zu versetzen, indem man ihnen weingetränkte Weißbrotstückchen zwischen die Kiemen schob, gelang nicht immer.

Die Fische, vorwiegend doch an das Wasser gewöhnt, gingen ein – an Alkoholvergiftung.

Schellfisch gedünstet

1 Schellfisch (1000–1500 g), Essig, Salz, Fischgewürzpulver, Senf, 150 g durchwachsenen Speck, 1 Zwiebel.

Den vorbereiteten Schellfisch im ganzen verwenden, säuern und von innen gut salzen, mit Fischgewürz bestreuen und mit Senf ausstreichen. Die Zwiebel in Achtel schneiden, den Speck zur Hälfte in Scheiben schneiden, den Rest würfeln. Die Speckwürfel in eine Pfanne oder Auflaufform geben, den Schellfisch daraufstellen, oder bei Verwendung von Bratfolie die Speckwürfel in den Fisch füllen. Die Speckscheiben über den Rücken des Fisches legen, die Zwiebelachtel mit Holzspießen darauf feststecken. Den Fisch bei 220° ca. 40 Minuten im Ofen dünsten. Als Beilage Kartoffeln, Gemüse und Salate reichen.

Schellfisch in Milch gedünstet

1 Schellfisch (1000–1500 g), Essig, Salz, 50 g Butter, ¼ l Milch, 1 Zwiebel, 1 Lorbeerblatt, ½ Teel. Pfefferkörner, 30 g Butter, 30 g Mehl, ⅜ l Flüssigkeit, 3 Eßl. Zitronensaft, 1 Bund Schnittlauch.

Den Schellfisch filetieren, säuern und salzen. Das Fischfilet in eine gefettete Auflaufform legen, die Gewürze darüberstreuen, die Zwiebel halbiert dazulegen, mit Milch übergießen und zuletzt Butterflöckchen daraufsetzen. Das so vorbereitete Fischfilet ca. 20 Minuten im Ofen garen. Aus Butter, Mehl und der Milchfischbrühe eine helle Sauce herstellen, mit Zitronensaft und geschnittenem Schnittlauch abschmecken. Das Fischfilet in diese Sauce legen und mit Kartoffeln und Salat servieren.

Schellfisch mit Kräutern

1 Schellfisch (1000–1500 g), Essig, Salz, Pfeffer, 1 Tiefkühlpackung 8-Kräutermischung, 60 g Butter, Alufolie.

Den Schellfisch filetieren, säuern und mit Salz und Pfeffer würzen. Die Alufolie entsprechend der Größe der Fischfilets zuschneiden und mit Butter bestreichen. Die Fischfilets mit der restlichen Butter bestreichen, in der Kräutermischung wenden und auf die Alufolie legen. Diese gut zusammenfalten und die Päckchen zusammen mit den Kartoffeln im Dämpfer oder im Schnellkochtopf garen.

Der Tip am Rande

Seelachs (Köhler), Pollack, Wittling und ähnliche Meeresfische, wie z. B. der Leng, können nach den Rezepten für Dorsch (Kabeljau) und Schellfisch zubereitet werden. Außerdem zählen diese Fische wiederum zu den besonders gut räucher- und grillbaren Flossenträgern.

Rotbarsch

Der Rotbarsch tummelt sich in den tieferen Regionen des Atlantiks und im weiteren Umkreis nordischer Küsten. Er tut uns den Gefallen, sich für Fischfilets besonders zu eignen, seines festen Fleisches wegen, so daß man ihn heute in seinem Urzustand seltener zu Gesicht bekommt. Zum Kochen eignet er sich weniger gut, weshalb er sich meistens schon an Bord der Fangschiffe in tiefgefrorene Filets verwandelt. Tiefgefrorene Rotbarschfilets sollten sie nicht auftauen, sondern gefroren verwenden, da sie sonst leicht zerfallen.

Rotbarsch in Tomatensauce

750–1000 g Rotbarschfilet, Essig, Salz, 40 g Butter, 60 g Mehl, ½ l Flüssigkeit, (Wasser, Brühe, Dosenmilch), 1 Zwiebel, 1 Dose Tomatenmark, Zucker.

Das Fischfilet in Portionsstücke oder in Würfel schneiden, säuern und salzen. Eine helle Mehlschwitze aus Butter und Mehl bereiten, die gewürfelte Zwiebel hinzufügen, dünsten und mit der angegebenen Flüssigkeit aufgießen. Diese dicke Sauce mit Tomatenmark, Salz und Zucker kräftig abschmecken. Dann das Fischfilet hinzufügen und etwa 20 Minuten leicht kochen lassen. Auf diese Weise kann Rotbarschfilet auch in Senf-, Curry- oder Kräutersauce zubereitet werden. Reis, Kartoffeln und Salate sind geeignete Beilagen.

Rotbarsch gedünstet

750–1000 g Rotbarschfilet, 1 Zitrone, Salz, 1 Mohrrübe, 1 Stange Porree, 1 Bund Petersilie, 50 g Butter, Alufolie.

Das Rotbarschfilet säuern und salzen. Die Mohrrübe putzen und reiben, den Porree fein schneiden, die Petersilie hacken. Die Alufolie entsprechend der Größe der Fischfilets schneiden und mit Butter bestreichen. Die Fischfilets auf die Alufolie legen, das vorbereitete Gemüse darauf verteilen, Butterflöckchen daraufsetzen, die Alufolie zusammenfalten. Diese

Fischpäckchen zusammen mit den Kartoffeln im Kartoffeldämpfer oder Schnellkochtopf garen. Als Beilage eignen sich Kartoffeln und grüne Salate.

Rotbarsch pikant

750–1000 g Rotbarschfilet, Essig, Salz, 1–2 Paprikaschoten, 3–4 Tomaten, 1 Zwiebel, 50 g Speck, evtl. etwas Zucker, Origano.

Das Rotbarschfilet säuern und salzen. Die Paprikaschoten entkernen und in Ringe schneiden, die Tomaten schälen und in Viertel schneiden. Die Zwiebel und den Speck würfeln. Den Speck ausbraten, das Fischfilet darauflegen, leicht anbraten, das vorbereitete Gemüse und die Zwiebelwürfel dazugeben und in der zugedeckten Pfanne ca. 20 Minuten dünsten. Den entstandenen Sud evtl. mit etwas Zucker und Origano abschmecken. Das Gericht kann auch im Römertopf gegart werden, es braucht dann allerdings 40 Minuten bei 200°. Als Beilage eignet sich Reis.

Rotbarsch mit Gemüse

750–1000 g Rotbarschfilet, Essig, Salz, 750 bis 1000 g Gemüse (Erbsen, Karotten, Blumenkohl oder Rosenkohl), Salzwasser, 60 g Butter, 50 g Mehl, ½ l Flüssigkeit (Gemüsebrühe, Dosenmilch), Muskat, evtl. 1–2 Eßl. geriebenen Käse.

Das Filet säuern und salzen, das jeweilige Gemüse putzen und in Salzwasser weichkochen. Aus 40 g Butter, Mehl und der Flüssigkeit eine helle Sauce bereiten und mit Salz und Muskat kräftig abschmecken. Das Gemüse mit dem Fischfilet in eine Auflaufform schichten, die Sauce darübergießen, nach Belieben mit Käse bestreuen und Butterflöckchen daraufsetzen. Diesen Auflauf im Backofen ca. 20 bis 30 Minuten garen und außerdem für Salzkartoffeln sorgen.

Gefüllter Fischbraten aus Rotbarschfilet

750–1000 g Rotbarschfilet, Essig, Salz, Pfeffer, 125 g Schinkenspeck, 1–2 Zwiebeln, 3–4 Tomaten, 1 Paprikaschote, 2 Eßl. geriebenen Käse.

Das Rotbarschfilet säuern und mit Salz und Pfeffer würzen. Von dem Schinkenspeck den fetten Teil abschneiden und diesen zu Keilen schneiden, den übrigen Schinkenspeck würfeln. Die Zwiebel in Würfel, die geschälten Tomaten in Scheiben, die entkernte Paprikaschote in Streifen schneiden. Fischfilet, Speck- und Zwiebelwürfel, Tomatenscheiben und Paprikastreifen schichtweise aufeinanderlegen. Die letzte Schicht Fischfilet mit den Speckkeilen bespicken und mit Käse bestreuen. Den so vorbereiteten Fischbraten im Ofen ca. 30 Minuten dünsten und mit Kartoffeln und Salat servieren. Der Fischbraten kann auch im Römertopf gegart werden, er benötigt dann bei 200° 50 bis 60 Minuten.

Rotbarschfilet paniert

750–1000 g Rotbarschfilet, Essig, Salz, 3 Eßl. Mehl, 1 Ei, 4 Eßl. Semmelbrösel, 100 g Butter.

Das Fischfilet säuern und salzen, dann mit Mehl, verschlagenem Ei und Semmelbrösel panieren und in Butter von beiden Seiten goldbraun braten oder im Fritiergerät bei 170° 7 bis 8 Minuten fritieren. Zum gebratenen Fischfilet Kartoffelsalat servieren.

Fischauflauf mit Pilzen

750 g Rotbarschfilet, Essig, Salz, 50 g Speck, 1 Zwiebel, 200 g Pfifferlinge, 2 Eier, ¼ l Milch, 2 Eßl. geriebenen Käse, 20 g Butter.

Das Fischfilet säuern und salzen. Den Speck und die Zwiebel würfeln. Den Speck ausbraten, die Zwiebelwürfel und die vorbereiteten Pfifferlinge hinzufügen und ca. 10 Minuten dünsten. Das Fischfilet mit den gedünsteten Pfifferlingen in eine gefettete Auflaufform schichten. Die Eier mit der Milch verquirlen und über das Fischfilet gießen. Den Auflauf mit Käse bestreuen, mit Butterflöckchen belegen und im Ofen etwa 30 Minuten garen. Als Beilage eignet sich Reis.

Rotbarschröllchen in Aspik

750 g Rotbarschfilet, Essig, Salz, 1 Eßl. Senf, 1–2 Gewürzgurken, ¾ l Wasser, ⅒ l Essig, 1 Teel. Salz, 1 Lorbeerblatt, 2 Nelken, ½ Teel. Pfefferkörner, 1 Päckchen Pulvergelatine.

Das Filet in Streifen schneiden, säuern und salzen. Die Fischstreifen dünn mit Senf bestreichen, mit Streifen aus Gewürzgurken belegen, zusammenrollen und mit Holzstäbchen befestigen. Aus den angegebenen Gewürzen und Wasser einen Sud kochen, die Fischröllchen hineinstellen und etwa 15 Minuten gar ziehen lassen. Aus ½ l Fischsud und der Pulvergelatine Aspik herstellen und mit den Fischröllchen fertigstellen, wie auf Seite 24 beschrieben.

Fischhackbraten aus Rotbarschfilet

1000 g Rotbarschfilet, Essig, Salz, Pfeffer, 50 g Butter, 1 Zwiebel, 1 Ei, Semmelbrösel, 50 g Käse.

Das Rotbarschfilet säuern und mit Salz und Pfeffer würzen. Die Hälfte des Fischfilets mit 20 g Butter und einer halbierten Zwiebel ca. 15 Minuten dünsten, anschließend wie das rohe Fischfilet im Fleischwolf zerkleinern. Zu diesem Fischfleisch das Ei und soviel Semmelbrösel geben, daß ein geschmeidiger Teig entsteht. Einen Hackbraten formen, mit Käsekeilen bespicken, mit Butterflöckchen belegen und im Ofen ca. 30 Minuten braten. Als Beilage Kartoffeln und Salate servieren.

Aus Rotbarschfilet können auch alle unter Plötzen angegebenen Fischhackteig-Rezepte zubereitet werden.

Fischsalat

750 g Rotbarschfilet, Essig, Salz, Pfeffer, 20 g Butter, 1 Zwiebel, 1–2 Gurken, 1 Bund Petersilie, 2 Eßl. geschnittenen Schnittlauch, 1 Eßl. gehackte Kapern, 100 g Mayonnaise, 6 Eßl. Dosenmilch.

Das Fischfilet säuern, mit Salz und Pfeffer würzen und mit der Butter ca. 15 Minuten dünsten. Die Zwiebel und die Gewürzgurken in feine Würfel schneiden, die Petersilie hacken. Die Mayonnaise mit der Dosenmilch und den vorbereiteten Zutaten vermischen, das Fischfilet hinzufügen und gut durchziehen lassen, evtl. später nachwürzen. Brot oder Kartoffeln als Beilagen wählen.

Rotbarsch geräuchert

Rotbarsch kann in Stücken geräuchert werden und ist so auch im Handel erhältlich. Mit Räucher-Rotbarsch lassen sich ebenfalls alle unter dem Abschnitt „Bückling“ angegebenen Rezepte herstellen.

Fischsalat mit Räucherfisch

250 g geräucherter Rotbarsch, 1 Sellerieknolle (250 g), 3 Äpfel, 100 g Mayonnaise, 3 Eßl. Dosenmilch, 1 Zitrone, Salz, Zucker.

Von dem Räucherfisch Haut und Gräten entfernen. Den Sellerie kochen, schälen, in Würfel schneiden und sofort mit Zitronensaft begießen. Die Äpfel schälen und ebenfalls in Würfel schneiden. Sellerie- und Apfelwürfel mit dem zerkleinerten Räucherfisch vermengen, die mit Dosenmilch verrührte Mayonnaise dazugeben und den Salat mit Salz und Zucker abschmecken. Als Beilage Kartoffeln oder Brot servieren.

Reisauflauf mit Räucherfisch

250 g geräucherter Rotbarsch, 150 g Reis, ½ l Salzwasser, 1 Zwiebel, 3 Eier, 40 g Butter, 1 Eßl. Semmelbrösel.

Von dem geräucherten Rotbarsch Haut und Gräten entfernen. Den Reis in Salzwasser mit der Zwiebel gar kochen, abkühlen lassen und mit dem Eigelb verrühren. Eiweiß steifschlagen und unter die Reismasse heben. Diese Masse mit dem Räucherfisch in eine Auflaufform schichten, die Oberfläche mit Semmelbrösel bestreuen und mit Butterflöckchen belegen. Den Auflauf ca. 20 Minuten im Ofen überbacken und mit Salat servieren.

Wollen wir dem Worte „Eintopf", das – am Familientisch angekündigt – zuweilen negative Empfindungen, ja manchmal blanken Schrecken auslöst, zu einer verdienten Aufwertung verhelfen? Dann greifen wir zum Fischeintopf.

Fischeintopf

200 g Rotbarschfilet, Essig, Salz, Pfeffer, 200 g geräucherten Rotbarsch, 800 g Kartoffeln, ¼ l Milch, 50 g Schinkenspeck, 1 Zwiebel, 2–3 Gewürzgurken.

Das Fischfilet säuern und mit Salz und Pfeffer würzen. Von dem geräucherten Rotbarsch Haut und Gräten entfernen. Die Kartoffeln schälen, kochen und mit der Milch zu Kartoffelbrei verarbeiten. Den Schinkenspeck und die Zwiebel würfeln, leicht anbraten, das Fischfilet darauflegen und ca. 15 Minuten dünsten. Die Gewürzgurken in Würfel schneiden. Den Kartoffelbrei mit dem gedünsteten Fisch, dem Räucherfisch und den Gewürzgurken vermengen und abschmecken. Als Beilage Salat servieren.

Fischsuppe mit Räucherfisch

300 g geräucherten Rotbarsch, 1 kl. Fisch (500 g Süßwasser- oder Schellfisch), Essig, Salz, 1½ l Wasser, 1 Speckschwarte, 1 Bund Suppenkraut, 1 Zwiebel, 1 Lorbeerblatt, ½ Teel. Pfefferkörner, 3 Wacholderbeeren, 1½ Eßl. Salz, 50 g Butter, 50 g Mehl, etwas Dosenmilch.

Von dem Räucherfisch Haut und Gräten entfernen. Den frischen Fisch filetieren, säuern und salzen. Haut und Gräten beider Fischarten und die Speckschwarte in dem Wasser kochen, die Gewürze und das geputzte Suppenkraut dazugeben und kochen, bis es gar ist. Dann die Suppe durch ein Sieb gießen. Aus Butter und Mehl eine helle Mehlschwitze bereiten, mit Dosenmilch und Fischsud aufgießen und die Suppe abschmecken. Das Fischfilet in Würfel schneiden, in die Suppe geben und ca. 15 Minuten ziehen lassen. Den zerkleinerten Räucherfisch und das kleingeschnittene Gemüse ebenfalls hinzufügen und die Suppe noch einmal abschmecken.

Fischsuppen können etwas Edles sein, und es bleibt die Frage, warum sie hierzulande nur so vereinzelt auf Speisekarten erscheinen.

Hai

Der Hai ist näher, als allgemein angenommen wird. Schon vor den deutschen Nordseeküsten, insbesondere bei Helgoland und im Sylter Graben, werden Jahr für Jahr viele Hunds- und Grundhaie gefangen. Zwischen dem europäischen Festland und den britischen Inseln, insbesondere bei Irland, treffen wir schon auf große Heringshaie und Blauhaie.

Das Fleisch aller Haigattungen ist außerordentlich fest. Darum wird es besonders gern für Cocktails und Gulasch genommen und als Filet oder Steak verarbeitet. Seine Eigenschaft, das Aroma von Gewürzen besonders gut anzunehmen, erfordert eine sorgfältige und vorsichtige Dosierung. Darum sei hier angeraten, sich konsequent an die nachfolgenden Rezepte und Anleitungen zu halten.

Haifisch-Cocktail

500 g Haifischfilet, Essig, Salz.
Fischsud: 1/8 l Weißwein, 1 Zitrone, Salz, 1 Lorbeerblatt, 2 Wacholderbeeren, Basilikum.
1 kleine Dose Karotten, 1 kleine Dose Wachsbohnen, Essig-Öl-Marinade.

Zunächst die Zutaten für den Fischsud einmal aufkochen, dann das Haifischfilet hineinlegen, ca. 15 Minuten garziehen und anschließend im Sud erkalten lassen.

Den Fisch in salatgerechte Stücke zerteilen und mit den Bohnen und Karotten in eine Schale schichten. Die Essig-Öl-Marinade verrühren und über die Zutaten gießen. Den Salat durchziehen lassen, dann portionsweise auf Salatblättern anrichten.

Haifisch mit Kräutersauce

750 g Haifischfilet, Essig, Salz, 250 g frische Champignons.
Marinade: 1/8 l Weißwein, 2 Eßl. Öl, 1/2 Teel. Salz, je 1 Prise Pfeffer, Selleriesalz, Estragon, Basilikum, Majoran.
1Päckchen weiße Sauce, 1 Bund Petersilie, 1 Bund Dill.

Die Champignons putzen und in Scheiben schneiden, dann in die Marinade geben und 2 Stunden darin ziehen lassen. Inzwischen das Haifischfilet säuern und salzen, nach ca. 15 Minuten in eine feuerfeste Form legen, die Champignons darüber verteilen und im vorgeheizten Backofen bei 200° 30 Minuten garen. Den Fischsud mit der Fertigsauce binden und mit gehackter Petersilie und Dill abschmecken.

Haifischgulasch

500 g Haifischfilet, Essig, Salz, 50 g Schinkenspeck, 2 Zwiebeln, 125 g Pilze, 1/4 l Brühe, Salz, 1 Teel. Worcesterhiresauce, Dosenmilch, 1 Eßl. Petersilie.

Das Haifischfilet säuern, salzen und in Würfel schneiden. Schinkenspeck und Zwiebeln würfeln, Pilze putzen und kleinschneiden. Die Speckwürfel in einem Topf ausbraten, den Fisch dazugeben und gut anbraten, dann die vorbereiteten Zwiebeln und Pilze hinzufügen und andünsten, dann mit der Brühe auffüllen und 10 Minuten garen. Den Fond binden und das Gulasch mit den angegebenen Zutaten pikant abschmecken und mit Reis servieren.

Dornhai (Seeaal)

Der Dornhai ist der Hausfrau vorwiegend als Seeaal bekannt. Er zählt zu den kleinsten Haiarten und ist in der Nordsee, teils sogar in der Ostsee, rund um Skandinavien und bis weit in den Süden zu fangen. Das Fleisch des Dornhais ist etwas lieblicher, wenn nicht gar süßlicher, als das anderer Haie und wird darum gerne mit feinen Soßen und zartem Gemüse zubereitet. In einigen Ländern räuchert man die Bauchlappen und verkauft sie als die bekannten Schillerlocken.

Dornhai in feiner Sauce

750 g Dornhai, Essig, Salz, 40 g Butter, 1 Zwiebel, 2 Eßl. Mehl, ½ l Fleischbrühe, ½ Lorbeerblatt, 2 Nelken, Pfefferkörner, 1 Eigelb, 1 Tasse Weißwein, 1 Bund Petersilie, 1 Prise Salbei.

Den Dornhai säuern, salzen und in 6 Stücke teilen. Fett im Topf erhitzen, den Fisch von allen Seiten gut anbraten, Zwiebelwürfel dazugeben und anrösten, dann das Mehl darüberstreuen und mit der Brühe ablöschen. Die Gewürze zu dem Gericht geben und alles ca. 30 Minuten garen, dann mit dem Eigelb legieren und mit Wein und den gehackten Kräutern abschmekken. Als Beilage Kartoffeln reichen.

Dornhai mit Pilzen

1 kg Dornhai oder Seeaal, Essig, Salz, 2 Eßl. Mehl, 2 Eier, 4 Eßl. Semmelmehl, ca. 100 g Kokosfett, 1 Eßl. Öl, 375 g Pilze, 2 Zwiebeln, Petersilie.

Den Fisch in Portionsstücke schneiden, säuern und salzen, dann mit Mehl, Ei und Semmelmehl panieren und in Kokosfett ausbacken.

Pilze putzen und kleinschneiden, Zwiebeln würfeln. Pilze im Öl andünsten, Zwiebelwürfel hinzufügen und gardünsten, salzen und mit gehackter Petersilie bestreuen. Den Fisch auf den Pilzen anrichten und zu Röstkartoffeln servieren.

Gespickter Seeaal *1 kg Seeaal, Essig, Salz, 125 g Speck, 1/8 l saure Sahne.*

Den vorbereiteten Seeaal säuern und salzen, dann mit Speckstreifen spicken und in eine feuerfeste Form legen. Den Fisch im vorgeheizten Backofen 30 Minuten bei 220° braten, nach ca. 20 Minuten saure Sahne über den Fisch gießen und fertig garen lassen.

Scholle und Flunder

Redlich nährt sich die Scholle von winzigen Muscheln, Würmern und ähnlichen Kleintieren, die sie sich auf dem sandigen Meeresgrunde sucht. Sie ist ein Friedfisch und gehört der Familie der Plattfische an, jener wohlschmeckenden Sorte, zu der auch Flunder, Stein- und Heilbutt rechnen.

Ihre braungraue Rückenseite, mit schönen korallenfarbenen Punkten besetzt, ist zugleich ihre „Augenseite“, der Sitz der Sehorgane, weshalb die weißliche Bauchseite, logisch und entsprechend, auch die „Blindseite“ genannt wird.

Die Ostseeschollen sind meist kleiner, aber wegen ihrer Qualität geschätzter als Nordsee-Schollen. Ähnliches gilt von der Flunder (in der Nordsee auch Butt genannt), die auf ihrer rauheren Oberseite dunkler, fast schwarz gefärbt ist.

Die als Speisefisch allgemein geschätzte Scholle, vielleicht von der Flunder darin noch übertroffen, bereitet man in der Regel im ganzen zu. Sie werden bemerken, daß die flache Form der Scholle wie geschaffen erscheint, um in einer Bratpfanne bereitet zu werden. Flossen und Kopf werden abgeschnitten. Sie wird ausgenommen und kann mit einem Messer geschuppt werden. Es genügt aber auch, sie nur mit Salz abzureiben, bis sie sauber und appetitlich aussieht. Große Schollen lassen sich gut filetieren.

Auch Flundern können sie nach den folgenden Schollen-Rezepten verarbeiten – ohne den Spruch des Spötters fürchten zu müssen: „Da werden sich die Flundern wundern…“

Gebratene Schollen *4 Schollen, Essig, Salz, 50 g Mehl, 100 g Butter.*

Die vorbereiteten Schollen säuern und salzen, in Mehl wenden und in heißer Butter von jeder Seite etwa 5 Minuten goldbraun braten oder im

Fritiergerät bei 170° 4 bis 5 Minuten fritieren. Zu gebratenen Schollen Kartoffelsalat reichen.

Gebratene Schollen, pikant

4 Schollen, Saft von 2 Zitronen, Salz, 2–3 Eßl. Mehl, 100–150 g Butter, 2–3 Bund Petersilie, 1 Röhrchen Kapern.

Die vorbereiteten Schollen salzen, mit Zitronensaft beträufeln, in Mehl wenden und in Butter von beiden Seiten ca. 5 Minuten goldbraun braten. Inzwischen Petersilie und Kapern hacken und über die gebratenen Schollen streuen, dann Zitronensaft und braune Butter darübergießen und die Schollen sofort mit Kartoffeln und Salat servieren.

Schollen, pikant paniert

4 Schollen, Salz, Zitronensaft, 2 Eßl. Mehl, 2 Eßl. Parmesankäse, 100 g Butter, 1 Zwiebel, 2 Tomaten.

Die vorbereiteten Schollen salzen und mit Zitronensaft beträufeln. Mehl mit Parmesankäse mischen und die Schollen darin wenden. Die gewürfelte Zwiebel in Butter leicht anbraten, die Schollen dazugeben und bei schwacher Hitze etwa 5 Minuten braten. Dann die Fische wenden, Tomatenscheiben hinzufügen und noch weitere 5 Minuten braten. Die Schollen sofort mit Kartoffeln oder Kartoffelsalat servieren.

Statt mit Käse können die Schollen auch mit Ei und Semmelmehl paniert werden.

Schollen gekocht

4 Schollen, 1 l Wasser, 1 Bund Suppenkraut, 1 Zwiebel, 1 Eßl. Salz, 1 Teel. Pfefferkörner, 2 Eßl. Butter, 2 Eßl. Mehl, ½ l Flüssigkeit (Fischsud, Dosenmilch, Weißwein), Zitronensaft, Salz, Zucker.

Die Schollen vorbereiten, das Suppenkraut putzen und in Streifen schneiden. Das Wasser mit dem vorbereiteten Suppenkraut, Zwiebel und den Gewürzen kochen, bis das Gemüse weich ist. Die Schollen in den Sud legen und ca. 15 Minuten gar ziehen lassen. Aus Butter und Mehl eine helle Mehlschwitze zubereiten, mit Fischsud, Dosenmilch und etwas Weißwein aufgießen und mit Zitronensaft, Salz und Zucker abschmecken. Die Schollen mit dem Gemüse anrichten und mit der Sauce und Kartoffeln auf den Tisch bringen.

Schollen mit Käsesauce

4 Schollen, ¾ l Wasser, 1 Eßl. Salz, 1 Teel. Pfefferkörner, 1 Teel. Wacholderbeeren, 1 Lorbeerblatt, 2 Schalotten, Saft von ½ Zitrone, ⅛ l Weißwein, 2 Eßl. Butter, 2 Eßl. Mehl, ½ l Flüssigkeit (Dosenmilch, Fischsud), 75 g Parmesankäse.

Aus Wasser, Salz, Pfefferkörnern, Wacholderbeeren, Lorbeerblatt und Schalotten einen kräftigen Sud kochen und mit Zitronensaft und Weißwein abschmecken. Die vorbereiteten Schollen in den Sud legen und etwa 15 Minuten gar ziehen lassen. Aus Fett und Mehl eine helle Mehlschwitze bereiten, mit Dosenmilch und Fischsud aufgießen und die Sauce mit geriebenem Käse abschmecken. Die Schollen in der Sauce mit Kartoffeln und Salat servieren.

Schollen in Rotwein gedünstet

4 Schollen, 4 Eßl. Öl, 1–2 Zwiebeln, 125 g Champignons, 1–2 Teel. Salz, ½ Teel. Pfefferkörner, 1 Teel. Zucker, etwas Sardellenpaste, ¼ l Rotwein.

Die Zwiebeln in Würfel schneiden, die Champignons putzen, gut waschen und in Scheiben schneiden. Anschließend die Zwiebelwürfel und Champignonscheiben in dem Öl andünsten, würzen und mit Rotwein aufgießen. Die vorbereiteten Schollen in den Sud legen, 8 bis 10 Minuten leicht dünsten und mit dem Sud anrichten.

Nach Belieben aus dem Sud eine Sauce herstellen und die Schollen mit Reis servieren.

Noch eins: Da Sie den Fisch mit Rotwein bereitet haben, ist diesmal Weißwein als Tafelgetränk weniger am Platze. In Frankreich z. B. wird zu jedem Fisch, bei dem normalerweise Rotwein getrunken wird, stets die gleiche Rotweinsorte auch für die Saucenbereitung benutzt.

Erlauben Sie mir noch eine küchentechnische Fußnote: Bei zahlreichen Fischgerichten verwenden Sie geriebenen Käse, der, frisch gerieben, dem bereits fertig gekauften, trotz Aromaschutz und Kunststoffhülle, doch einiges voraus hat. Der im Handel befindliche ist außerdem oft zu fein gerieben. Auf einer simplen Reibe dagegen wird er strähniger. Kaufen Sie lieber bei Ihrem Händler Käse im Stück und, sollten Sie Ihren Urlaub wieder einmal in Italien verbringen, erwerben Sie ein solides Stück Parmesan als schmackhaftes Reiseandenken!

Gedünstete Schollen

4 Schollen, 50 g Butter, 2 Schalotten, ¼ l Sahne, 1 Teel. Salz, evtl. 1 Teel. Mehl.

Die Schollen vorbereiten und mit Salz einreiben. Die Schalotten recht feinwürfeln, in einem Topf in Butter andünsten, die Schollen hineinlegen, wenden und die Sahne dazugießen. Die Schollen ca. 8 Minuten dünsten und mit Kartoffeln und Salat servieren. Nach Belieben die Sauce mit etwas Mehl binden.

Schollen in Portwein

4 Schollen, ½ l Wasser, 1 Eßl. Salz, ½ Teel. Pfefferkörner, 2 Nelken, 4 Wacholderbeeren, 3 Zitronenscheiben, ¼ l Portwein, 2 Eßl. Butter, 2 Bananen, 4 Zwiebäcke, ½ l Fischsud.

Das Wasser mit den Gewürzen und den Zitronenscheiben aufkochen, die Zitronenscheiben entfernen und den Portwein hinzugießen. Sobald dieser Sud wieder kocht, die vorbereiteten Schollen hineinlegen und 15 Minuten ziehen lassen.

Inzwischen die Bananen schälen, in Scheiben schneiden und in Butter leicht anbraten. Die Zwiebäcke zerbröckeln, über die Bananen streuen, leicht durchrösten und mit Fischsud aufgießen. Die garen Schollen in die Sauce legen, etwas ziehen lassen und mit Reis zu Tisch bringen.

Schollen überbacken

4 Schollen, ¾ l Wasser, 1 Eßl. Salz, 1 Teel. Pfefferkörner, 1 Teel. Wacholderbeeren, 1 kl. Zwiebel, 1 Zitrone, ⅛ l Weißwein, 2 Eßl. Butter, 2 Eßl. Mehl, ½ l Fischsud, 1-2 Teel. Curry, 1 Eßl. Butter, 5 Tomaten.

Das Wasser mit den Gewürzen aufkochen, Zitronensaft und Weißwein hinzufügen und sobald der Sud wieder kocht, die vorbereiteten Schollen hineinlegen und 15 Minuten ziehen lassen. Aus Butter und Mehl eine helle Mehlschwitze zubereiten, mit Fischsud aufgießen und mit Curry abschmecken. Die Tomaten schälen und in Scheiben schneiden. In einer Auflaufform die Tomatenscheiben mit etwas Butter leicht andünsten, die Schollen im ganzen oder nur die Filets darauflegen, die Currysauce darübergießen und im Ofen ca. 15 bis 20 Minuten überbacken. Auch hier ist Reis die passende Ergänzung.

Überbackene Schollenröllchen

4 Schollen, Salz, 2 Eßl. Zitronensaft, 4 Eßl. Weißwein, 100 g Butter, 2 Eigelb, 1 Eßl. kochendes Wasser, 1 Schalotte, 1–2 Eßl. Mehl, 1 Dose Champignons, Salz, Zucker, Zitronensaft.

Die Schollen filetieren, salzen, zu Röllchen legen und diese dicht in eine gefettete Auflaufform stellen. Die Röllchen mit Zitronensaft und Weißwein übergießen und im Backofen etwa 15 Minuten dünsten.

Inzwischen die Butter für die abgeschlagene Sauce langsam zum Kochen bringen, beiseitestellen und den Schaum abschöpfen. Die Eigelb mit dem kochenden Wasser verschlagen und auf kochendem Wasserbad

oder auf der Kochstelle bei schwacher Hitze solange schlagen, bis sie dicklich werden. Dann unter ständigem Rühren langsam die Butter hinzugießen, aber den milchigen Bodensatz zurücklassen. In diesem die feingeschnittene Schalotte dünsten, das Mehl hinzufügen und mit Champignonbrühe und dem entstandenen Fischsud aufgießen. Diese dicke Sauce mit Salz, Zucker und Zitronensaft recht kräftig abschmecken und löffelweise mit der abgeschlagenen Sauce verrühren. In kleine Förmchen je zwei Schollenröllchen legen, Champignons darüberstreuen, die Sauce darübergießen und im Ofen etwa 15 Minuten überbacken. Als Vorspeise aufgetragen, sind Kartoffeln dazu entbehrlich, Weißbrot dagegen passender.

Schollenröllchen auf Äpfeln

2 Schollen, ⅛ l Wasser, 1 Teel. Salz, 2 Pfefferkörner, 2 Zitronenscheiben, ⅛ l Schaumwein, 4 Äpfel, 1 Teel. Zucker, 3 Eßl. Weiß- oder Schaumwein, 1 Eßl. Butter, 1 Eßl. Mehl, ¼ l Fischsud, etwas Sahne, 4 Champignons.

Die Schollen filetieren, zu Röllchen aufrollen und mit Holzspießchen befestigen. Das Wasser mit den Gewürzen und den Zitronenscheiben aufkochen, den Schaumwein hinzugießen und, sobald der Sud wieder kocht, die Schollenröllchen hineinlegen und ca. 10 Minuten ziehen lassen. Inzwischen die Äpfel halbieren und die Kerne entfernen. Die Äpfel mit Zucker überstreuen und mit Weiß- oder Schaumwein in einer zugedeckten Pfanne 5 bis 10 Minuten dünsten. Aus Butter und Mehl eine helle Mehlschwitze herstellen, mit Fischsud und etwas Sahne aufgießen und abschmecken. Die Schollenröllchen auf den gedünsteten Äpfeln anrichten, mit der Sauce übergießen und mit halbierten oder in Scheiben geschnittenen Champignons verzieren. Das Gericht mit Kartoffeln oder Weißbrot servieren.

Schollenröllchen mit Kräutern

4 Schollen, 1 Zitrone, Salz, 1 Tiefkühlpackung 8-Kräutermischung, 60 g Butter, Alufolie.

Die Schollen filetieren, säuern und salzen. Die Kräutermischung auf den Filets verteilen, die Filets aufrollen und mit Holzspießchen befestigen. Auf jedes Röllchen ein Butterflöckchen setzen, mit der restlichen Butter die Alufolie bestreichen. Je 2 Schollenröllchen auf ein entsprechend großes Stück Alufolie stellen, die Folie zusammenfalten. Diese Päckchen 15 Minuten im Kartoffeldämpfer garen. Als Beilage eignen sich Kartoffeln und Salate.

Am Rande Tips für 3 Schollenrezepte

Marinade für alle drei Rezepte:

1 Teil Essig, ½ Teil Wasser, ¼ Teil Öl. Auf einen Liter Gesamtflüssigkeit 2½ Eßl. Salz und den Saft einer Zitrone. In dieser gut vermengten, etwas angewärmten Marinade bleiben die Fische 20 bis 30 Minuten liegen und werden dann erst zubereitet. Nachsalzen und Würzen ist nicht notwendig.

Rezept 1: Räucherschollenfilets

Die Scholle wird wie oben vorbereitet, jedoch der Kopf nicht entfernt. Durch einen Schnitt hinter dem Kopf an der Unterseite lassen sich die Innereien gut entfernen. Nach dem notwendigen Lufttrockenprozeß reicht eine Räucherofenzeit von 30 bis 40 Minuten in den herkömmlichen Räuchergeräten (z. B. Smoky) oder 15 bis 30 Minuten in den Koffergeräten.

Anschließend wird die Oberhaut der Scholle entlang dem Flossensaum mit einem scharfen Messer abgetrennt. Danach lassen sich die Filets leicht abheben.

Rezept 2: Käsescholle vom Grill

Die wiederum vormarinierte Scholle wird von der dunklen Oberseite kurz angegrillt und gewendet. Dann garniert man sie mit Käsescheiben und Zitronenringen (Käse nach Geschmack mild oder pikant) und grillt diese Seite so lange, bis der Käse geschmolzen ist.

Rezept 3: Zwiebelscholle

Die marinierte Scholle wird in der Pfanne von der hellen Seite in Butter ca. 2–3 Minuten angebraten. Wenden und mit Zwiebelringen belegen, in die wiederum kleingehackte Zwiebeln garniert werden. Danach wird die Scholle in ca. 15 Minuten fertiggebraten und zum Schluß mit feinem Fischkräuter-Streugewürz bestreut.

Seezunge

Die edelste Art aller Plattfische ist ohne Frage die Seezunge, die bei uns leider seltener gefangen wird als die Scholle. Sie lebt in der Nordsee und an den Atlantikküsten und erscheint aus diesem Grunde häufiger in Frankreichs Küchen, wo man sie seit langem auf zahlreiche und raffinierte Weisen zu bereiten versteht.

Doch dort, wie auch bei uns, zählt eine Seezunge nicht zu den billigen Gerichten auf der Speisekarte.

Seezungen können wie Schollen vorbereitet und im ganzen oder als Filet verwendet werden. Auch alle bereits in dem Abschnitt „Scholle“ angeführten Rezepte eignen sich für die Zubereitung von Seezunge.

Seezunge gebraten

4 Seezungen, Essig, Salz, 50 g Mehl, 100 g Butter, 1 Zitrone.

Die vorbereiteten Seezungen säuern und salzen, dann in Mehl wenden und von beiden Seiten goldbraun braten. Mit Zitronenscheiben verziert anrichten und dazu Kartoffelsalat als Beilage servieren.

Auf gleiche Weise sind Seezungenfilets zuzubereiten.

Seezunge in Weißweinsauce

4 Seezungen, ¾ l Wasser, 1 Eßl. Salz, 1 Teel. Pfefferkörner, 1 Lorbeerblatt, 1 Schalotte, 1 Zitrone, ⅛ l Weißwein, 40 g Butter, 30 g Mehl.

Die vorbereiteten Seezungen salzen. Aus Wasser und den Gewürzen einen kräftigen Sud kochen, mit Zitronensaft und Weißwein abschmecken. Sobald dieser Sud wieder kocht, die Seezungen hineinlegen und ca. 15 Minuten ziehen lassen. Aus 30 g Butter, dem Mehl und dem Fischsud eine helle Sauce zubereiten, die Seezungen hineinlegen, Butterflöckchen daraufsetzen und nochmals 5 bis 10 Minuten ziehen lassen. Das Gericht mit Kartoffeln und Salat servieren.

Seezungenfilet in Sahne

2–4 Seezungen, Salz, ½ Zitrone, 50 g Butter, 1 Schalotte, 1 Eßl. Mehl, ¼ l Sahne.

Die Seezungen filetieren, salzen und mit Zitronensaft beträufeln. Die Schalotte feinwürfeln und in der Butter andünsten. Die Seezungenfilets in Mehl wenden, in der Butter leicht anbräunen und mit Sahne aufgießen. Die Sauce abschmecken und die Filets noch ca. 10 Minuten ziehen lassen. Als Beilage Kartoffeln und Salat servieren.

Seezungenröllchen in Schaumwein

2–4 Seezungen, Salz, ½ Zitrone, 20 g Butter, 1 kl. Flasche Schaumwein, ½ Teel. Pfefferkörner, 1 Eigelb, 1 Teel. Maisstärke, evtl. etwas Curry.

Die Seezungen filetieren, salzen und mit Zitronensaft beträufeln. Die Seezungenfilets zu Röllchen aufrollen, mit Butter bestreichen und in eine feuerfeste Form legen. Den Schaumwein darübergießen, die Pfefferkörner dazugeben und die Röllchen ca. 15 Minuten dünsten. Das Eigelb mit der Maisstärke verrühren und den entstandenen Sud damit binden. Die Sauce evtl. mit etwas Curry abschmecken. Als Beilage eignen sich Kartoffeln und Salat.

Flambierte Seezungenröllchen

2–4 Seezungen, ⅛ l Wasser, 1 Teel. Salz, 6 Pfefferkörner, 2 Zitronenscheiben, ⅛ l Weißwein, 1–2 Bananen, 1 Eßl. Butter, 1 Eßl. Zucker, 1 Glas Kirschwasser.

Die Seezungen filetieren, zu Röllchen aufrollen und mit Holzstäbchen befestigen. Das Waser mit dem Salz, den Pfefferkörnern und Zitronenscheiben aufkochen, die Zitronenscheiben entfernen und den Weißwein hinzufügen. Sobald dieser Sud wieder aufkocht, die Seezungenröllchen hineinlegen und ca. 10 Minuten ziehen lassen.

Die Bananen schälen, in Scheiben schneiden und abwechselnd mit den gegarten Seezungenröllchen auf Spieße stecken. Butter und Zucker in einer Pfanne leicht karamelisieren, die vorbereiteten Spieße in die Pfanne legen, leicht überbräunen, das Kirschwasser daraufgießen und anzünden.

Dieser malerische Vorgang des Flambierens sollte am besten am Tisch erfolgen, benötigt dann aber einen Spirituskocher. Zu den Röllchen Weißbrotschnitten bereitstellen.

Steinbutt und Heilbutt

Der Steinbutt und der Heilbutt beschließen den hier aufgeführten Reigen der Süß- und Salzwasserfische, die wir vor Ihrem geistigen Auge und wachen Küchenverstande vorbeischwimmen ließen, oder bereits schwimmen ließen im würzigen Sud, im verheißungsvoll knisternden Fett!

Auch Steinbutt und Heilbutt zählen zu den Plattfischen, und zwar zu den „gewichtigsten“ – beide erreichen im Atlantischen Ozean 100 Pfund Gewicht und mehr. Sie sehen, das „dicke Ende“ kommt zum Schluß mit Zentnerschwere, und es wäre unbillig und grausam, von ihrem Anglergatten zu erwarten, daß er solches Ihnen als Fang in die Küche brächte!

Daher sind Sie nett und besorgen z. B. Heilbutt im Fischgeschäft, wo er ohnehin nur im Anschnitt verkauft und schon vorbereitet ist für die weitere Verwendung.

Steinbutt (in der Ostsee gibt es ihn auch in kleinerer Größe) kann im ganzen oder in Stücken verwendet werden. Man nimmt ihn aus und entfernt meist auch Flossen und Kopf. Danach wird der Fisch mit Salz abgerieben und gut gewaschen. Wollen Sie ihn in Stücken verwenden, schneiden Sie den Fisch der Länge nach in der Mitte durch, dann seitlich nach beiden Seiten in passende Portionen. Für besonders anspruchsvolle Gerichte kann Steinbutt auch filetiert werden.

Die folgenden Rezepte gelten auch für die Verwendung von Heilbutt.

Steinbutt gekocht

1 Steinbutt (ca. 1500 g), 3 l Wasser, 3 Eßl. Salz, 1 Zwiebel, 1 Bund Suppenkraut.

Aus Wasser, Zwiebel, Suppenkraut und Salz einen kräftigen Sud kochen, den vorbereiteten Steinbutt hineinlegen und 15 bis 20 Minuten leicht kochen lassen. Wegen der besseren Möglichkeit des Anrichtens sollte der Kopf mitgekocht werden, auch schätzen manche Feinschmecker den Kopf als besondere Delikatesse.

Ist der Fisch gar gekocht, wird die schwarze Haut abgehoben und die Filets von den Gräten abgenommen. Die Filets werden mit dem Kopf auf einer Platte so angerichtet, daß er wie unversehrt aussieht. Die Ansatzstellen können mit Zitronenscheiben, Petersilie und Champignons verziert werden. Den Fisch mit Holländischer Sauce oder einer Rahmsauce servieren, außerdem mit Kartoffeln und Salaten.

Heilbutt gedünstet

1000–1500 g Heilbutt, 1 Zitrone, Salz, 1 kleines Glas Meerrettich, etwas saure Sahne, Alufolie.

Den vorbereiteten Heilbutt in daumendicke Scheiben schneiden, säuern und salzen. Den Meerrettich mit etwas Sauerrahm verrühren. Die Alufolie in entsprechend große Stücke schneiden. Die Heilbuttscheiben mit dem Meerrettich bestreichen, auf die Alufolie legen, die Folie zusammenfalten und dieses Päckchen zusammen mit den Kartoffeln im Kartoffeldämpfer oder im Schnellkochtopf garen.

Den Fisch mit Kartoffeln und Salat auf den Tisch bringen.

Heilbutt gegrillt

1000–1500 g Heilbutt, 1 Zitrone, Salz, Origano, 80–100 g Butter.

Den Heilbutt in daumendicke Scheiben schneiden, säuern und mit Salz und Origano kräftig würzen. Auf den Rost des Holzkohlen- oder Elektrogrills Alufolie legen und mit Butter bestreichen. Die Heilbuttscheiben auf die Alufolie legen, mit Butter bestreichen und 10 bis 15 Minuten grillen, dann wenden, nochmals mit Butter bestreichen und nochmals 10 bis 15 Minuten grillen. Dazu Kräuterbutter und Kartoffeln servieren.

Steinbutt überbacken

Steinbuttreste (500–750 g), 30 g Butter, 1 Schalotte, 1 kl. Dose Champignons, Salz, Pfeffer, 30 g Butter, 20 g Mehl, ¼ l Flüssigkeit (Fischsud, Champignonsud, Sahne, Weißwein), 1 Eßl. geriebenen Käse, 1 Eßl. Semmelbrösel.

Von den Steinbuttresten Haut und Gräten entfernen. Die Schalotte feinwürfeln, die Champignons in Scheiben schneiden. Die Schalottenwürfel in Butter andünsten, die Champignonscheiben und das Steinbuttfleisch hinzufügen, durchdünsten und mit Salz und Pfeffer würzen, dann in eine gefettete Auflaufform geben. Aus 20 g Butter und Mehl eine helle Mehlschwitze herstellen, mit Champignonsud, evtl. vorhandenem Fischsud, Sahne und Weißwein aufgießen und abschmecken. Diese Sauce über den Fisch gießen, geriebenen Käse und Semmelbrösel darüberstreuen, Butterflöckchen darauflegen und das Gericht ca. 20 Minuten im Ofen überbacken. Auch hierzu sind Kartoffeln und Salat das Gegebene.

Steinbuttfilet in Weißwein

1 Steinbutt (1500–2000 g), 1–2 Eßl. Salz, ½ l Wasser, 1 Flasche Weißwein, 1 Zitrone, 1 Dose Champignons, 1 Eigelb, 1 Teel. Maisstärke.

Den Steinbutt filetieren, die Filets salzen und säuern. Das Wasser mit dem Champignonsud, dem Salz und Zitronensaft aufkochen, den Weißwein hinzugießen und sobald der Sud wieder kocht, die Steinbuttfilets hineinlegen und 15 bis 20 Minuten ziehen lassen. Die Steinbuttfilets auf einer Platte anrichten, den Sud etwas einkochen lassen. Das Eigelb mit der Maisstärke und etwas Wasser verrühren, den Sud damit binden und abschmecken. Die Filets mit der Sauce sowie Salat und Kartoffeln anbieten.

Steinbutt, kalt angerichtet

Steinbuttreste (500–750 g), Aspik aus ¼ l Fischsud und ½ Päckchen Pulvergelatine, 1 Glas Sahne, 1 kl. Stange Meerrettich, etwas Salz.

Von den Steinbuttresten Haut und Gräten entfernen und die Filets auf eine Platte legen. Aspik herstellen wie unter „Auch das sollten Sie wissen“ beschrieben und die Filets damit überziehen. Die Sahne steifschlagen, mit geriebenem Meerrettich und Salz abschmecken und die Steinbuttfilets damit verzieren. Als Beilage Kartoffeln oder Weißbrot reichen.

Verzeichnis der Rezepte

Zubereitungsart

Fische gekocht

Fische gedünstet

Fische gegrillt, gebraten oder ausgebacken

Fische in der Auflaufform oder im Römertopf

Fische überbacken

Verwendungszweck

Kleine warme Vorspeisen

Suppen

Saucen

Sämtliche Saucen sind mit den gleichen Zutaten auch für andere Fische zu verwenden

Salate

Fischgerichte für besondere Feste

Spezialitäten

Fischreste, geschickt verarbeitet

Abendessen

Fischgerichte für ein kaltes Büfett

Fische, für kurze Zeit haltbar gemacht

Hinweise für Diätkost

Das Eiweiß der Fische ist leichter verdaulich als Fleischeiweiß, daher sind Fische für alle Diätformen, außer für Nieren-Diät, besonders geeignet.

Auf Gerichte aus fetten Fischen, z. B. Karpfen, Waller, Lachs, Aal, muß man allerdings verzichten.

Saucen, die durch eine Mehlschwitze gebunden sind, dürfen für Diätkost nicht verwendet werden, man darf Saucen nur mit angerührtem Mehl binden.

Scharfe Gewürze wie Pfeffer und Curry müssen entfallen.

Für *salzarme* Diät eignen sich folgende Fischgerichte sehr gut, nur müssen die in den Rezepten angegebenen Salzzugaben weggelassen werden:

Barsch blau 79
Barsche in Alufolie 81
Barsche mit Spargel 81
Kleinbarsche, gebratene 82
Brassen auf Sauerkraut 76
Brassenschnitten mit Apfel-Meerrettich 74
Dorsch, gekochter 132
Dorschröllchen mit Pilzfüllung 133
Felchen gedünstet 94
Felchenfilets, gebratene 95
Fischhackteige (ohne Salz und Pfeffer) 89
Forellen blau 55
Forellen, gebratene 58
Forellen gedünstet 57
Forellen, gefüllte 58
Forellenschnitten mit Tomaten 60
Hecht, gebratener 32
Hecht, gedünsteter 31
Heringe gedünstet 124
Heringe gekocht (ohne Sauce) 123
Heringe mit Kräutern 124
Hornfisch auf dem Holzkohlengrill 117
Hornfisch in Eiersauce 116
Karpfen, gedünsteter 65
Karpfen, gefüllter 63
Lachs in Fruchtsauce 51
Makrelen gedünstet 119
Makrelen, gefüllte 120
Makrelen, gekochte 118
Makrelen mit Pfifferlingen 120
Plötzen in Alufolie 85
Plötzen im Römertopf 85
Rotbarsch gedünstet 139
Rotbarschfilet paniert 141
Rotbarsch pikant 140
Schellfisch, gekochter 136
Schellfisch mit Kräutern 138
Schellfisch mit Porree 137
Schleie blau 69
Schleie, gefüllte 70
Schleie, gefüllte, übergrillt 71
Schleie in Alufolie gedünstet 70
Schollen, gebratene 149
Schollen, gedünstete 152
Schollen gekocht (ohne Sauce) 150
Schollenröllchen mit Kräutern 154
Seezunge gebraten 156
Seezungenfilet in Sahne 157
Steinbutt gekocht 158
Steinbuttfilet in Weißwein 160
Zanderfilets, überbackene 40

Für *leichte Kost*, mitunter als Magen-Schonkost bezeichnet (obwohl man bei letzterer noch strengere Diätvorschriften beachten muß), eignen sich folgende Rezepte, wenn man bei der Zubereitung auf die Zugabe von Zwiebeln verzichtet:

Barsch blau 79
Barsche in Alufolie 81
Barsche mit Spargel 81
Dorsch, gekochter 132
Felchen gedünstet 94
Forellen blau 55
Forellen gedünstet 57
Forellen, gefüllte 58
Hecht, gedünsteter 31
Hecht, gegrillter 36

Werden keine Zwiebeln verwendet, können nachstehende Rezepte für *Leber- und Gallen-Diät* verwendet werden:

Für *Zuckerkranke* muß die Fettzugabe reduziert werden, es dürfen keine gebundenen Saucen als Beilage gegeben werden. Unter diesen Bedingungen eignen sich folgende Rezepte:

ESSEN SIE GERN FISCH?
WENN NEIN ...

dann sollten Sie dieses Buch erst recht lesen! Sie finden bestimmt ein Rezept, welches Sie so reizt, daß Sie es einfach ausprobieren müssen. Und sind Sie erst einmal auf den Geschmack gekommen, werden Sie nicht widerstehen können: Sie werden Ihre Kochkunst noch an anderen Rezepten erproben - und dann wird es auch bei Ihnen heißen: „Wann gibt es wieder Fisch?"